Peter Strasser

Die einfachen Dinge des Lebens

Wilhelm Fink

Umschlagabbildung:
Pierre Bonnard, *La Nappe à carreaux rouges ou Le Déjeuner du chien*, 1910
© VG Bild-Kunst, Bonn 2009

Bibliografische Information der Deutschen Nationalbibliothek

Die Deutsche Nationalbibliothek verzeichnet diese Publikation in der Deutschen Nationalbibliografie; detaillierte bibliografische Daten sind im Internet über http://dnb.d-nb.de abrufbar.

© 2009 Wilhelm Fink Verlag, München
Wilhelm Fink GmbH & Co. Verlags-KG, Jühenplatz 1,
D-33098 Paderborn

Internet: www.fink.de

Einbandgestaltung: Evelyn Ziegler, München
Herstellung: Ferdinand Schöningh GmbH & Co KG, Paderborn

ISBN 978-3-7705-4866-8

Ja, da war – zum Beispiel – das wunderbare Bild Pierre Bonnards, das ich soeben betrachtete, *La Nappe à carreaux rouges ou Le Déjeuner du chien*, aus dem Jahre 1910. Ein zum Frühstück gedeckter runder Tisch mit Tischdecke. Rote Karos. Am Tisch sitzend, mit dem Gesicht zum Betrachter, die Augen gesenkt, eine Frauengestalt in Ruhe. Schwerelose Versonnenheit über die ganze Gestalt hin. Ihre Hände liegen entspannt auf den Karos der Decke. Neben ihr, vom Betrachter aus links, ein großer schwarzer Hund, der über den Tischrand schaut. Große milde schwarze Schnauze. Im Hintergrund eine Art Täfelung oder Paravant (meine Kopie des Bildes ist schlecht), zusammengesetzt aus Farbtönen wie von Tauben. Hellgrau, graublau, blau, milchigweiß. Helligkeiten und Schatten, die sich im Tischgeschirr und der feiertäglich eingerollten Serviette mit großem Serviettenring wiederholen ...

Und nun besteht das Wunder des Pierre Bonnard darin, dass uns in seinen versonnenen Bildern, besonders in seinen intimen Interieurs, eine Welt entgegentritt, worin die Gestalten ihrerseits in einer Versonnenheit zu leben scheinen, als ob sie der Diskontinuität des Menschlichen nicht mehr bedürften. Sie bedürfen ihrer nicht mehr, nicht weil sie in einem Zustand der Inferiorität, des bloß Animalischen oder Maschinellen verharren wollten; nicht weil sie bestrebt oder getrieben wären, sich selbst an das Tote anzugleichen. Nein, dieses wunderbar schwerelose Einsinken in die Valeurs und farbigen Schatten, das Bonnards Frauen und Mädchen eignet, während sie entspannt im Bett liegen oder Toilette machen, ist eine Metamorphose des Absoluten. Im Moment des Einsinkens realisiert sich der Moment der Ewigkeit, in dem die Dinge als Göttliches, aber ohne die Gewalt des Heiligen, erkennbar werden. Das Ich wird zum Welt-Ich, und in der Nuss-Schale eines Bonnard'schen Wohnraumes (oft mit leichten Vorhängen, Stores, hinaus auf Frühlings- und Sommergärten) versöhnen sich Subjekt und Objekt. Sie erleben eine paradiesische Wiedergeburt, nicht durch Fanfaren und Trompeten, sondern in Polstern, auf Teppichen, bei ruhigen Händen am Frühstückstischtuch.

Über Selbstachtung, 2009

INHALT

PROLOG ZUM NEUEN JAHR: STERBEN MÜSSEN WIR ALLE 9

TEIL I:
WARUM EINFACH, WENN'S AUCH KOMPLIZIERT GEHT? 19

1. Sinnesdaten 21
2. Regenbögen 31
3. Die Gesellschaft, durchgestrichen 47
4. Der höhere Unsinn 53
5. In den Vorhöfen 59

TEIL II:
DAS KANN DOCH NICHT ALLES GEWESEN SEIN! 71

6. Ein Platz zum Anhalten 73
7. Wir liturgisch Enttäuschten 89
8. Bei verhängten Spiegeln 101
9. Reflexionen auf dem Badewannenrand 113
10. In einem Gott versteckt leben 121

TEIL III:
ES GIBT MEHR DINGE ZWISCHEN HIMMEL UND ERDE 127

11. Die starke Abwesenheit 129
12. Notizen im Spätherbst 141

EPILOG ZUM ADVENT: ... SO SCHALLT'S DARAUS ZURÜCK 159

ANMERKUNGEN 165

PROLOG ZUM NEUEN JAHR:
STERBEN MÜSSEN WIR ALLE

Die folgenden Gedanken, Szenen und Notizen handeln von den einfachen Dingen des Lebens. Damit handeln sie zwar auch, aber nicht nur von den einfachen Dingen. Denn nicht alle einfachen Dinge sind einfache Dinge des Lebens; und nicht alle einfachen Dinge des Lebens sind einfache Dinge. Vielleicht könnte man sagen, dass Hämmer und Gabeln, Schuhlöffel, Kerzenständer, Radiergummis und Grabsteine einfache Dinge sind im Gegensatz zu Motorrädern, Kathedralen, *The Simpsons,* Teilchenbeschleunigern oder Gehirnen, die Teilchenbeschleuniger studieren – unabhängig davon, ob es sich dabei um einfache Dinge des Lebens handelt.

Manche Dinge werden bloß deshalb „einfach" genannt, weil wir, die Betrachter, eine komplizierte Vorstellung davon haben, was einfach ist oder jedenfalls sein sollte. Philosophen sind komplizierte Betrachter mit komplizierten Vorstellungen. Ihnen verdankt sich die Theorie der Sinnesdaten. Diese sollten, als die einfachsten Bausteine unserer Erlebnisse, zugleich unser Erlebnistor zur Wirklichkeit sein. Erst langsam stellte sich heraus, dass Sinnesdaten Abstraktionen sind, „nichterlebbare Erlebnisse", die nicht nur nichts Einfaches repräsentieren, sondern darüber hinaus gar nicht existieren können.

Demgegenüber müssen die einfachen Dinge des Lebens keine einfachen Dinge sein, weder mit noch ohne komplizierten Vorstellungshintergrund. Geborenwerden, Jungsein, Altwerden und Sterben sind einfache Dinge des Lebens. Denn sie sind für das Leben eines jeden Menschen fundamental. Man braucht keine Spezialkenntnisse, um zu wissen, was es heißt, geboren zu werden oder zu sterben, obwohl das eine wie das andere, und zwar aus unterschiedlichen Gründen, nichts Einfaches ist. Und obwohl es sich dabei auch nicht um Dinge handelt, von denen man sagen würde, sie seien alltäglich, prägen sie doch unseren Alltag als dessen Anfang und Ende.

Andere einfache Dinge des Lebens liegen dazwischen, zwischen Geburt und Tod, als oft geübte Tätigkeiten, vom Zähneputzen, Staubsaugen, Fernsehen bis zum Liebemachen. Die einfachen Dinge des Lebens brauchen das Leben nicht einfach zu machen. Doch jede Kultur hat eine Vorstellung davon, welche Dinge zum Leben gehören, soll das Leben *richtig* gelebt werden, und wie diese Dinge dann richtig zu handhaben sind.

Man könnte also sagen, dass in den einfachen Dingen des Lebens ein Modell des guten Lebens enthalten ist. Dieses Modell setzt voraus, dass uns die Lebensnot nicht von den Grundgütern des Lebens abschneidet, sodass wir unsere Grundbedürfnisse nicht mehr befriedigen können. Es setzt aber keinen Reichtum irgendwelcher Art voraus, weder einen Reichtum an geistigen Fähigkeiten noch an materiellen Gütern, nichts also, was immer nur wenigen zufällt und eignet.

Und weil in den einfachen Dingen des Lebens ein Modell des guten Lebens enthalten ist, sind diese Dinge mit all dem verbunden, was unser Leben mit einem höheren Sinn ausstattet: mit dem Sinn des Lebens und – für die, die's angeht – mit Gott. Ja, der „liebe Gott" gehört zu den einfachen Dingen des Lebens für diejenigen, die gläubig sind, woraus nicht folgt, dass der Gott der Theologen, der ein manchmal ehrwürdiges, öfter lebloses Konstrukt der Gelehrsamkeit ist, ebenfalls dazugehört.

Es ist daher nicht akkurat falsch, sondern eher zutreffend, wenn man sagt, dass zu den einfachen Dingen des Lebens – der Redensart entsprechend – „Gott und die Welt" gehört. Denn im menschlichen Leben, wie beschränkt dessen Radius sein mag, geht es immer auch darum: Es geht um Gott und die Welt. Und zwar geht es auch darum, wenn weder von dem einen noch vom anderen, weder von Gott noch der Welt, ausdrücklich die Rede ist.

Es geht darum, sobald und solange die Dinge, die man tut – zum Beispiel Hemdenbügeln, Dachdecken oder Schlafengehen –, in einem das Gefühl wach halten und nähren, dass das eigene Leben zwar nicht üppig, aber trotzdem *ganz* gelebt wird. Denn dass das eigene Leben ganz gelebt wird, bedeutet, dass sich in ihm das Ganze, „Gott und die Welt", *verkörpert*. Es ist diese Verkörperung des Ganzen – oder sagen wir bescheidener: diese Verkörperungsphantasie –, die manchmal der „Sinn des Lebens" genannt wird.

***

15. November 2008. Mexiko City. Alle Männer ab 70 Jahren bekommen zukünftig in Mexikos Hauptstadt kostenlos Viagra. Bürgermeister Marcelo Ebrard erklärte, Sexualität habe mit „Lebensqualität und Glück zu tun". Der Chef der Gesundheitsbehörde kündigte an, ab 1. Dezember würden in drei Spezialeinrichtungen jeweils Viagra, Levitra und Cialis ausgegeben. Die Männer werden vorher medizinisch durchgecheckt.[1]

Mein Freund Hans Peter Duerr landete im Jahre 1978 – also vor dreißig Jahren – einen Bestseller. Damals veröffentlichte er sein hippes Drogen-, Hexen- und Ethno-Buch *Traumzeit*, das unter den philosophischen Tugendwächtern der Vernunft für Empörung sorgte. Seither entwickelte er immer stärker Züge eines Konservativen, und zwar eines Konservativen alten Typs. Denn der typisch moderne Mensch schien ihm am Ende des 20. Jahrhunderts geprägt durch eine Kälte des Herzens, die sich massenhaft mit Genusssucht paarte. Er nannte diesen Typ den „Genussmenschen ohne Herz"[2]. Duerr glaubte immer weniger an die zivilisierende Wirkung des „Prozesses der Zivilisation", wie er durch den Soziologen Norbert Elias einer gebildeten Leserschicht, vor allem aber Generationen von Akademikern, nahegebracht worden war.

Elias zufolge ist der vorneuzeitliche Mensch unzivilisiert, zu rationaler Voraussicht schlecht befähigt, da seinen Triebimpulsen ausgeliefert. Dementsprechend hat Zivilisation wesentlich mit dem Aufbau einer psychischen „Selbstzwangapparatur" zu tun. Diese erst befähigt die Massen, durch die Dämpfung und Kontrolle ihrer Affekte, eine rationalisierte Welt zwischenmenschlichen Handelns und Unterlassens auf lange Distanzen und mit weiten Horizonten aufzubauen, etwa im Waren- und Geldverkehr, aber auch in der Diplomatie.

Laut Elias bewirkt der Prozess der Zivilisation, dass der äußere Kriegsschauplatz über die Jahrhunderte langsam nach innen, in das Seelenleben der Menschen hinein verlagert wird. Es entstehen komplexe psychologische Strukturen; zugleich entsteht ein reichhaltiges Feld an Psychopathologien. Der zivilisierte Mensch ist kein glückliches Geschöpf der Kultur.

Elias war durch Freud belehrt, Zivilisationsbegeisterung lag ihm fern, freilich auch jede Romantisierung des „Wilden". Duerr hingegen versuchte in fünf umfangreichen, mit ethnographischen Details gespickten Bänden zu zeigen, um wie viel „menschlicher" und daher, dem Alltagsempfinden gemäß, zivilisierter die Naturvölker gewesen waren als ihr Ruf; wurden sie doch, im Gegensatz zu den sogenannten Kulturvölkern, gerne als „primitiv" bezeichnet.

Man kann nicht sagen, dass Duerrs Kraftanstrengung, die mehr als 3.500 gedruckte Seiten umfasst, die Theorie von Elias ernsthaft in Misskredit gebracht hätte. Was immer die Ursachen dafür sein mochten (eine mögliche wäre ja die, dass Elias im Großen und Ganzen nicht Unrecht hat) – mir war die geradezu herkulische Anstrengung des *Traumzeit*-Meisters aus Heidelberg, sich dem Akademismus der Zivilisationstheorie entgegenzustemmen, stets tief sympathisch.

Nicht, ob er in allen Einzelheiten Recht hatte, schien mir dabei das Wesentliche zu sein. Wesentlich schien mir, dass Duerr, indem er sich um die einfachen Tatsachen des Lebens bemühte, einer ursprünglichen Liebe zum Leben Tribut zollen wollte.[3] Müsste ich die Grundaussage Duerrs auf eine kurze Formel bringen, so würde ich, unter Inkaufnahme von Missverständnissen, sagen:

Eine Kultur ist umso zivilisierter, je mehr sie das Leben liebt, und umso unzivilisierter, je mehr sie an die Stelle der Liebe zum Leben die Liebe zum Genuss treten lässt.

Der Genuss gehört zu den einfachen Dingen des Lebens. Gegen ihn werden nur die Genussfeindlichen etwas haben, und das sind in aller Regel keine Menschen, die das Leben lieben. Die *Liebe zum Genuss* aber ist etwas ganz anderes. Genießen zu können, und erst recht das Leben genießen zu können, ist ein großes Privileg, das leider nicht allen von uns gewährt wird. Aber die Liebe zum Genuss ist etwas Perverses. Nur Menschen oder nichtmenschliche Wesen und Dinge, die liebenswert sind, soll man lieben. Den Genuss zu lieben ist hingegen Teil einer falschen, dem guten Leben entfremdeten Lebenseinstellung. Ihr etablierter Name: Hedonismus.

Was es gegen den Hedonismus zu sagen gibt, ist nicht, dass er im Genuss etwas Erstrebenswertes sieht. Es ist vielmehr der Umstand, dass er in ihm viel mehr sieht, nämlich dasjenige, worauf sich im Leben letzten Endes alles reduziert. Nicht, dass der Genuss ein möglicher Ausdruck dafür sein kann, dass Personen aneinander Freude haben – dass sie einander begehren, weil sie einander lieben –, ist tadelnswert. Nein, tadelnswert ist, dass der Hedonist der Liebe abfordert, sie selbst solle eine Art Genuss sein. Aber die Liebe ist keine Art Genuss; *sie ist etwas ganz anderes.*

Die Liebe ist ein Grundwert des Lebens, so wie die Würde, die Gerechtigkeit, die Freiheit oder eine wohlverstandene Form des Glücks. Und wie verhält es sich dann mit der „Liebe zum Leben"? Ist diese nicht doch eine Form der Liebe zum Genuss, nur in Worte gefasst, die nach mehr klingen, als sie im Grunde meinen? Wie könnte man vom Leben sagen, dass es sich dabei um ein Wesen oder Ding handle, das liebenswert sei? Natürlich gar nicht! Und was die Wendung „Liebe zum Leben" eigentlich meint, scheint ohnehin offensichtlich genug: Eine Kultur, die all das, was die Bejahung des Lebens schwächt, mehr zu begehren scheint als die Bejahung des Lebens selbst, ist nicht zivilisiert, sondern krank.

Man *kann* diesen Umstand so ausdrücken, dass er sich nach Nietzsches Übermenschenlehre anzuhören beginnt, nach einer Verachtung des Schwachen im Leben. Aber man muss ihn keineswegs derart deuten – und missdeuten. Denn es scheint mir kaum zu bezweifeln, dass unsere Zivilisation sich in vielerlei Hinsicht verhält, als ob das Leben an sich nichts wäre, was es verdiente, bejaht zu werden; als ob das Leben nicht ein Wunder der Schöpfung wäre, das jeder von uns nur ein Mal erfahren darf und dem wir uns daher bedingungslos überantworten sollten; kurz gesagt, als ob das Leben bloß ein Mittel zum Zweck wäre, nämlich ein Mittel zum Genuss.

Man könnte sagen, dass die Liebe zum Genuss den Genuss über das Leben stellt. Darin liegt das Problem des Hedonismus: Ihm zufolge ist das Leben ein Mittel, um sich möglichst viel Genuss zu verschaffen. Was aber, wenn es ebenso ein Teil des Lebens ist – und daher ein Teil der Bejahung des Lebens sein *sollte* –, dass mit dem Alter die Genussfähigkeit der jungen und mittleren Jahre schwindet? Dann, sagt der Bürgermeister von Mexiko City, müsse eben chemisch nachgeholfen werden, zumindest jenseits der Siebzig, also im Greisenalter. Wer wegen Impotenz nicht mehr sexuell genussfähig sei, dessen Leben habe beträchtlich an Wert verloren, egal, wie alt der impotente Mensch (Mann) sei.

War für andere Jahrhunderte der lüsterne Greis ein Inbild des Abscheus, so scheint die abscheuliche Figur der immerwährenden Genusssucht nun erst das Wohlfühlprogramm fortschrittlicher Gesellschaften zu vervollständigen. Man möchte meinen, zu den einfachen Dingen des Lebens gehöre, dass man alles fördern sollte, was die Liebe zum Leben fördert. Das sagt sich leicht. Aber in Gesellschaften, die dazu neigen, die Liebe zum Genuss mit der Liebe zum Leben zu verwechseln, wird das nicht ohne Weiteres erkannt. Es wird nicht erkannt, dass den Genuss zu fördern bedeuten mag, das Leben als einen Widerpart zu betrachten, den man mit allen möglichen Mitteln überlisten muss.

Es bleibe dahingestellt, ob die Zivilisationstheorie des Norbert Elias indirekt den hedonistischen Fehlschluss (die Liebe zum Leben ist die Liebe zum Genuss) gerade deshalb befördert, weil sie die Zügelung der ursprünglichen Lebensimpulse für den Kern aller Zivilisation hält. Es ist aber nicht zu übersehen, dass Zivilisationstheorien, die mit einem Lebenspessimismus einhergehen, dazu neigen, den Sinn des Lebens in den Genüssen, die dem Leben *abgetrotzt* werden, zu verankern. Zivilisation ist demnach genussfeindliche Rationalisierung des Lebens mit dem Ziel größtmöglicher Genussabtrotzung.

***

Philosophen wird manchmal vorgehalten, sie kümmerten sich nicht um die einfachen Dinge des Lebens oder, was noch schlimmer sei, sie machten aus den einfachen Dingen begriffliche „Konstrukte", die sie dann, im Nachhinein, wieder „dekonstruierten". Und dieser Vorwurf besteht gewiss nicht zu Unrecht. Man kann aus „Gott und der Welt", aus der Liebe und dem Tod metaphysische Labyrinthe machen, errichtet aus Begriffsgespinsten, die mit dem, was uns bewegt, wenn wir im Alltag – oft gedankenlos – an Gott und die Welt, an die Liebe und den Tod denken, kaum noch etwas zu tun haben. Aber die Sache mit der Einfachheit ist nicht ganz so einfach. Denn wie wir gerade am Beispiel der Liebe zum Genuss gesehen haben, neigen wir dazu, die sogenannten einfachen Dinge des Lebens dadurch zu verwirren, dass wir keine klare Vorstellung davon besitzen, was die „einfachen Dinge des Lebens" überhaupt sind.

Ja, man könnte sich fragen, ob die Rede von den einfachen Dingen nicht ihrerseits ein Konstrukt sei, eine kulturelle, zivilisatorische Zurechtrückung, die unter der Bedingung großer Komplexität, trotz der Undurchschaubarkeit und Unübersichtlichkeit sozialer Verhältnisse, *den Schein des Einfachen* erzeugen soll. Dann wäre diese Rede, um mit Niklas Luhmann zu sprechen, eine symbolische Maßnahme zur Komplexitätsreduktion, mögen die Dinge an sich beschaffen sein, wie sie wollen. (Und das „An-sich-Beschaffensein" der Dinge ist bei Luhmann ohnehin nur eine weitere Form der „Reduktion von Komplexität", die im Erkenntnissystem erzeugt wird.) Gewiss, man kommt an der konstruktiven Sicht des Einfachen nicht vorbei. Häufig verwenden wir im Alltag vereinfachende Redensarten, um uns wechselseitig in unserer simplen Alltagsweisheit und Alltagsmoral zu bestärken. Doch wir verwenden sie außerdem, um auf die einfachen Dinge des Lebens hinzuweisen, wobei der Hinweis eben gerade mit einschließt, dass wir auf alles konstruktive Beiwerk, auf Lebensdekor und Begriffsbrimborium, verzichten wollen.

Es liegt in der redensartlichen Geste, wie unreflektiert sie an der Oberfläche wirken mag, doch eine ernsthafte Abweisung des Luhmann'schen Konstruktivismus. In unserem Verlangen nach dem Einfachen streben wir danach, das am Leben zu fassen, was sich aller Konstruktion entzieht: das Leben selbst, in einer seiner vielfachen Verkörperungsformen.

„Wir alle müssen sterben."

Ist das einfach genug? Wir alle wissen, dass wir alle sterben müssen. So einfach ist das. Warum also betonen wir dann, bei dieser und jener Gelegenheit, dass wir alle sterben müssen?

Einerseits aus Gründen des Revanchismus: Jemand, den wir beneiden, mag noch so hoch aufgestiegen sein, mag sich uns überlegen fühlen, sich regelrecht gottgleich aufführen – soll er nur, wir alle müssen eines Tages den Löffel abgeben und dann sind wir alle gleich! Andererseits jedoch liegt in der maßlos einfachen Tatsache, dass wir alle sterben müssen, einer der Hauptgründe für unsere metaphysische Situation. Wären wir unsterblich, die Frage nach dem Sinn des Lebens hätte keinen Sinn. So aber begleitet sie uns durchs Leben als der sprichwörtlich rote Faden, der mit banalen Redensarten ebenso durchzogen ist wie mit Begriffen am Rande des Denkbaren, Absolutbegriffen wie „Gott" und „Schöpfung", die ihrer Bedeutung nach über alles Konstruktive und daher notwendig Bedingte hinausweisen.

***

Je länger man über die einfachen Dinge des Lebens nachdenkt, desto älter wird man. Und umso älter man wird, umso grauenhafter erscheint als mögliche Lösung am Horizont des Sinnproblems eine Gleichung. Sie besagt, dass der Sinn des Lebens im Genuss liege: „Liebe zum Leben = Liebe zum Genuss".

Als ich das *Journal der letzten Dinge* im Jahre 1998 publizierte, da wurde mir vorgehalten, so etwas könne man glaubwürdig erst im Pensionierungsalter einer interessierten Öffentlichkeit vorlegen. Mit anderen Worten, ich hätte mich, als Achtundvierzigjähriger, schreibend älter gemacht, als dies zulässig sei. Na schön, jetzt ist es bald soweit, der Sechziger steht schon um mein Haus, und nun lese ich Folgendes:

Der Genussmensch, den die moderne Welt als Ewigkeitsgestalt – als das ihr zugängliche Göttliche – aufrichtet, ist ein Gehetzter, dessen Umtriebigkeit, je länger sie dauert, umso hoffnungsloser, auch wahnsinniger, anmutet. Von überall drängt schließlich die Leere an. Sie ist bereits jedem Genussakt als Drohung, als düstere Gewissheit beigemischt. Der Jogger wirkt auf die Dauer irrer als der Asket im Angstschweiß seiner Gesichte. Denn der Asket kann widerstehen. Und wenn er widersteht, ist er frei. (...)

Der genusstüchtige Mensch kann nicht anders: Er muss den Messias dafür tadeln, dass er sich ans Kreuz schlagen ließ. Hat der Menschensohn nicht ein sehr schlechtes Beispiel gegeben? Hat er nicht die Freudlosen, die Lebensflüchtigen, die Weltfremden ermuntert? Hätte nicht wenigstens Gott selbst ein Beispiel geben sollen, wie man sich auf die rechte Weise vergnügt?

Die Weltbejahung des Genusstüchtigen erstreckt sich ausschließlich auf die Welt-im-Genuss. Der Gekreuzigte hat dort nichts zu suchen. Die Weltbejahung des Genusstüchtigen ist das eigentlich irreligiöse Phänomen. Die Welt-im-Genuss ist die verlorene. Kein Gott kann in ihr erscheinen.[4]

Ich würde das heute, zehn Jahre später und ebenso viele Jahre älter, nicht derart pathetisch formulieren. Das Pathos ist ein Vorrecht der Jugend. Auch betrachte ich mittlerweile die Jogger, denen ich auf meinen Spaziergängen begegne, weniger als zwanghafte Verkörperungen eines kollektiven Genussmechanismus. Ich sehe in ihnen mehr die bedauernswerten Exemplare des paradoxen Umstandes, dass viele Menschen heute, im Zeitalter des kollektiven Gesundheitswahns, vor allem zu leben scheinen, um nicht krank zu werden.

Doch an meiner Kritik des Genusses glaube ich festhalten zu dürfen. Wer nämlich die Welt bloß unter der Bedingung bejahen kann, dass sie ihm genügend Mittel zum Genuss bietet, dessen Genussfundamentalismus wird ihn von der Quelle des Lebens abschneiden. Diese Quelle ist in der reinen Innerweltlichkeit nicht vorfindbar. Sie ist – aber das ist nur ein Wort für ein Mysterium – transzendent. Und statt „transzendent" wäre es besser, unverblümt „religiös" zu sagen, solange es sich um die einfachen Dinge des Lebens handelt.

Dass wir alle sterben müssen, ist so sicher wie das Amen im Gebet. Dass wir unter einer derart deprimierenden Einschränkung das Leben dennoch lieben können und sollten, setzt voraus, dass wir in ihm Werte zu erkennen vermögen, die durch den Tod nicht wertlos werden. Es sind diese Werte, allen voran die Liebe, von denen es heißt, sie seien „stärker als der Tod". So zu reden hat freilich einen Sinn nur dann, wenn wir die Welt unter einer Perspektive erfahren – ich nannte sie soeben unverblümt „religiös" –, die einschließt, dass es einen Sinn des Lebens gibt, und dass es einen Sinn des Lebens gibt, weil die Welt eine Schöpfung ist.

Zu den einfachen Dingen des Lebens gehört freilich auch, dass wir oft – viel zu oft – nicht imstande sind, die Welt *als* Schöpfung und unser eigenes Tun und Lassen als einen *Mitvollzug* der Schöpfung zu erfahren. Abgesehen davon, was wir über derlei Dinge *denken* mögen, ist mit zunehmendem Alter der Gaube daran, dass das Leben einen Sinn hat, immer schwerer aufrechtzuerhalten. Er ist in dem Maße bedroht, in dem das Ringen um die Freude am Leben aus Mangel an Freuden des Lebens, bis hin zu den schlichtesten Genüssen, immer zäher und fruchtloser wird. Dieser Prozess der Ernüchterung, ja, des zunehmenden Trostloswerdens, gehört für mich ebenfalls zu den einfachen Dingen des Lebens. Er ist keine Frage der religiösen Neigung, der philosophischen Reflexion oder irgendeiner spekulativen Theorie über den Wert des Lebens. Nein, es handelt sich um einen Prozess, der uns durch das Leben selbst auferlegt wird.

Zu den einfachen Dingen des Lebens gehört, dass es Tatsachen gibt, über die sich nicht hinwegspekulieren lässt. Dazu gehören die schmerzhaften Tatsachen des Alters in besonderem Maße. Denn sie bereichern uns nur selten, machen aus uns weder Dichter noch Sänger noch Visionäre, sondern lassen uns zunehmend verarmen. Sie machen uns zur Kapitulation vor den bloßen Tatsachen geneigt: Überdruss ist Überdruss, Verfall ist Verfall, Krebs ist Krebs. Und in all dem klingt schon an, worauf all das zusteuert: Tot ist tot.

Wäre es nicht so, die folgenden Gedanken, Szenen und Notizen wären nicht entstanden. Es ist – falls sie einer Rechtfertigung bedürfen – eher das Alter, das sie rechtfertigt, weniger die Jugend. Denn der Jugend ist das Einfache zuwider; sie will sich nicht sammeln, sondern zerstreuen. Dass es beim Zerstreuen in Wahrheit darum geht, der Gravitation nach innen, zum bloßen innerweltlichen Genuss- und Wohlfühlbetrieb hin, zu entkommen, wird hoffentlich erst im Laufe des Älterwerdens klar. Denn wenn derlei Klarheit sich zu früh in einem jungen Leben breitmacht, nämlich als angemaßte Lebensweisheit, dann führt sie zur Altklugheit. Das ist eine Form der Frühvergreisung, die man gerade heute, im Zeitalter des Duerr'schen Genussmenschen ohne Herz, viel zu vielen Denk- und Kunstproduktionen anmerkt.

✳✳✳

Im Folgenden durchdringen einander begriffliche und persönliche Aspekte. So entstand eine philosophische Menagerie. Ich habe sie keinem Säuberungsprozess unterzogen, um die abstrakt begriffliche Seite von den episodischen Einschlüssen zu reinigen. Denn dadurch wäre es mir nicht besser, sondern gar nicht gelungen, die Ausdrucksseite der einfachen Dinge des Lebens zu würdigen.

Und ich sage bewusst: Ausdrucksseite. Die Sache nämlich, über die ich sprechen wollte, hätte unter Verzicht auf Physiognomisches – auf das Erzählmoment im Begriffsräderwerk – keine angemessene Darstellung erhalten.

So sei denn als Empfehlung ausgesprochen: *To whom it may concern*, „Für den, den's betrifft". Allerdings nicht ohne hinzuzufügen, dass derjenige, der von sich ernsthaft behaupten wollte, es beträfe ihn gar nicht, mir entweder einem Lebensirrtum zu unterliegen schiene oder aber nicht geheuer wäre – so wenig geheuer wie der Greis, der sich, von Staats wegen zur Lüsternheit verhalten, einmal monatlich auf den Weg macht, um sein Viagra auszufassen.

(Jänner 2009)

Teil I

Warum einfach, wenn's auch kompliziert geht?

1.

SINNESDATEN

Was sind einfache Dinge? Als Student der Philosophie in den Siebziger-jahren des – man hat den Eindruck – längst vergangenen Jahrhunderts, hätte ich gedacht, auf diese Frage eine einfache Antwort zu wissen: Sinnesdaten. Heute, dreißig Jahre später, ist von Sinnesdaten keine Re-de mehr. Auch von einer Diskussion über Sinnesdaten ist nichts mehr zu bemerken. Und dabei hat diese Diskussion Bibliotheken gefüllt.

Sinnesdaten sind einfache Dinge. So lehrte es die gesamte Tradition des Empirismus, für die alle Erkenntnis der Welt aus den Sinnen stammte. So lehrte es die Tradition bis zu ihren späten Ausläufern im Wiener Kreis, bis hin zu Ernst Mach, Ludwig Wittgenstein, Rudolf Carnap, Otto Neurath und anderen: *Sinnesdaten sind die einfachen Dinge, aus denen unsere Erlebnisse bestehen.*

Das klingt wenig spektakulär. Da unsere Alltagserlebnisse in aller Regel komplex sind, scheint es natürlich, dass sie aus einfachen Din-gen, „Erlebnisatomen", bestehen, die ihrerseits nicht komplex sind. Zum Beispiel: Angesichts der Wahrnehmung eines Baumes scheint es natürlich zu fragen, aus welchen Elementen die Wahrnehmung des Baumes besteht.

Das ist klarerweise nicht dasselbe, wie zu fragen, aus welchen phy-sikalischen Elementen der Baum besteht. Zu Beginn des 20. Jahr-hunderts hätte man erwidert: Der Baum besteht aus Atomen. Atome galten als die letzten, nicht weiter zerlegbaren Elemente der Wirk-lichkeit. Allerdings dachte niemand, dass es sich – in Analogie zu den Erlebnisatomen, den Sinnesdaten – bei den physikalischen Atomen um einfache Dinge handeln könnte.

Das Wort „einfach" wäre schon den griechischen Atomisten unan-gebracht erschienen. Denn sie gingen davon aus, dass die Atome un-terschiedliche Eigenschaften hatten. Atome hatten mechanische Hilfsmittel, um größere Komplexe zu bilden, etwa Häkchen oder Ösen. Außerdem hatten Atome eine unterschiedliche Gestalt, sie konnten rund oder würfelig, eckig oder spitz sein. Auf diese Weise glaubte man zu erklären, warum die sichtbaren Dinge der Wirklich-keit, die sich aus Unmengen von unsichtbaren Atomen zusammen-setzten, unter anderem ein unterschiedliches Aussehen oder einen unterschiedlichen Geschmack hatten.

Im Bereich der physikalischen Dinge schloss also das Element, von dem es hieß, es sei nicht weiter in Einzelteile zerlegbar – eben das Atom –, keineswegs das Merkmal der Einfachheit mit ein. Das stand im Gegensatz zu der Vorstellung, die man sich von den Dingen der Seele oder des Geistes machte, beispielsweise einem Baum als Gegenstand oder Inhalt meiner Wahrnehmung. Denn, so hat man argumentiert, im Gegensatz zum Baum als Gegenstand der Außenwelt, der aus Atomen besteht, setzt sich der Baum als Inhalt meiner Wahrnehmung aus komplexen Erlebnisqualitäten zusammen, die ihrerseits aus einfachen Erlebnisqualitäten bestehen.

Betrachte ich den Stamm eines Baumes, so habe ich einen komplexen Eindruck von der Farbigkeit seiner Rinde. Ich sehe, wie ein Farbton in den anderen übergeht oder sich von ihm absetzt. Bedeutet das nicht, dass es einfache Farberlebnisse gibt, beispielsweise Minimalnuancen von Braun, die ihrerseits nicht wieder aus Farbnuancen bestehen, die ineinander übergehen oder sich voneinander absetzen? Um das festzustellen, brauche ich mich – so das Argument – nur auf einzelne Stellen der Baumrinde zu konzentrieren, und zwar so lange, bis ich aus der Vielfalt der Farbnuancen einzelne einfachfarbige (monochrome) Flächen, Flecken oder Punkte „herauszusehen" imstande bin.

Ähnlich einfache Situationen treten – so das Argument weiter – in allen Erlebnisdimensionen auf, ob ich den Geruch der Rinde in meiner Nase spüre, den Summton eines auffliegenden Insekts höre oder ein raues Gefühl unter meinen Fingern habe, während ich mit den Fingerkuppen über die Baumrinde streiche. Fliegt ein Insekt auf und weg, so besteht mein Hörerlebnis aus einer Abfolge von Tönen, doch die akustische Erlebnisabfolge setzt sich – so das Argument – aus einfachen Tonerlebnissen zusammen, auch wenn die Übergänge zu rasch sein mögen, als dass es mir möglich wäre, die einfachen Töne klar auseinanderzuhalten.

Die Annahme von Sinnesdaten galt lange Zeit als zwingend und dabei unproblematisch, weil aus ihr nichts Spektakuläres zu folgen scheint. Ja, die Annahme scheint bloß zum Ausdruck zu bringen, dass unsere Erlebnisse nicht beliebig komplex sein *können*. Das ist banal. Wir können beliebig Komplexes nicht erleben. Würden wir annehmen, dass unsere einfachen Erlebnisse in Wirklichkeit eine komplexe Feinstruktur hätten (etwa so, wie Atome eine komplexe Feinstruktur haben), dann hieße das bloß, dass es sich dabei um nichts mehr handeln könnte, was dem Bereich des Erlebbaren angehört. Die Merkmale der Feinstruktur unserer Erlebnisse wären dann prinzipiell *keine*

Sinnesdaten, weil sie unter der Schwelle dessen lägen, was für uns gerade noch erlebbar ist. Sie wären etwas anderes. Aber was?

Schenkt man der empiristischen Auffassung Glauben, dann sind Sinnesdaten einfache Erlebnisdinge, zum Beispiel ein weißer Fleck auf der braunen Rinde des Baumes, der mir hier und jetzt als komplexes „Sehding" gegeben ist. „Sehding" meint, dass es nicht um den Baum an sich, sondern um den Baum als Inhalt meiner Wahrnehmung geht. Und dasselbe gilt für alle Eigenschaften dieses Dings, bis hinunter zu den einfachsten, den Sinnesdaten, wie etwa dem weißen Fleck: Es handelt sich nicht um die Eigenschaften des Baumes, so wie sie in Wirklichkeit existieren; es handelt sich vielmehr um die Eigenschaften, so wie sie von mir wahrgenommen – erlebt – werden.

Natürlich waren die Empiristen stets der Meinung, dass die Sinnesdaten eine Reihe von Aufgaben erfüllen, ohne die für uns keine Erkenntnis der Wirklichkeit möglich wäre. Demnach öffnen uns die Sinnesdaten das Tor zur Wirklichkeit, indem sie uns ein Fundament der Erkenntnis bereitstellen. Habe ich – so das Argument – ein Erlebnis in Form eines Sinnesdatums, dann kann ich mich mit Bezug auf dieses Erlebnis nicht täuschen. Das Sinnesdatum ist selbstevident. Wenn ich ein Einfacher-weißer-Fleck-Erlebnis habe, ist es ausgeschlossen, dass ich mich irre, weil das, was mir als weißer Fleck *erscheint,* eben bloß ein weißer Fleck *zu sein scheint.*

Und natürlich kommt es vor, dass der Fleck auf der Baumrinde in Wirklichkeit braun ist. Dann sehe ich zwar, was ich sehe, aber mein Erlebnis stimmt mit der Wirklichkeit nicht überein. Es könnte ja sein, dass die Oberfläche des Baumes feucht ist und das einfallende Sonnenlicht eine optische Täuschung erzeugt, die bewirkt, dass mir ein Fleck auf der ansonsten braunen Baumrinde als weiß erscheint. Sinnesdaten verbürgen also Erkenntnisgewissheit *mit Bezug auf sich selbst,* aber *nur* mit Bezug auf sich selbst. Sie sagen, einzeln genommen, noch nichts darüber aus, wie die Dinge in Wirklichkeit beschaffen sind. Die Wirklichkeit der Dinge muss – so das Argument – erst aus ganzen Reihen und Komplexen von Sinnesdaten *erschlossen* werden.

Zum Beispiel: Sehe nicht nur ich, dass die Rinde des Baumes an einer bestimmten Stelle einen weißen Fleck zeigt, sondern haben auch andere Beobachter, die, ausgestattet mit normalem Sehvermögen, aus jeweils anderer Perspektive auf den Baum blicken, dasselbe Erlebnis, ohne dass sich sagen ließe, unsere äußeren Wahrnehmungsbedingungen seien ungewöhnlich: dann haben wir einen *guten Grund* zu der Behauptung, die Rinde des Baumes sei an dieser Stelle *wirklich* weiß. Eine derartige – induktiv gewonnene – Wirklichkeitsbehauptung ist nun aber, im Gegensatz zu Behauptungen über eigene Sinnesdaten („mir erscheint ein Fleck, der mir als weiß erscheint"), niemals vor Irrtum gefeit. Soweit das empiristische Argument.

Daraus haben die Skeptiker stets den Schluss gezogen, dass wir niemals ernsthaft behaupten dürften, überhaupt jemals irgendetwas erkannt zu haben. Denn insofern unser Fundament der Erkenntnis bloß aus Sinnesdaten besteht, dürfen wir höchstens beanspruchen, etwas über unsere Erlebnisse zu wissen, doch nichts, was über unsere Erlebnisse hinausginge. Auch wenn wir am Ende unserer Forschungen alles über unsere Sinnesdaten wüssten, so wüssten wir noch gar nichts darüber, ob sie derart beschaffen sind, dass sie uns irgendwelche Erkenntnisse über die Wirklichkeit zu vermitteln imstande wären. Dazu wäre es nämlich notwendig, von vornherein etwas über den Zusammenhang zwischen unseren Erlebnissen und der Wirklichkeit zu wissen, was sich nicht wiederum bloß auf unsere Sinnesdaten stützen dürfte.

Sehen wir von der Frage ab, ob der Skeptiker *als* Skeptiker Recht hat, so bleibt folgender Einwand gegen die Theorie der Sinnesdaten bestehen: Wir dürfen unsere Wahrnehmungen der Wirklichkeit – oder Außenwelt oder Realität (die unterschiedlichen Worte tun nichts zur Sache) – auf keinen Fall analysieren, als ob sie aus einer Summe von Erlebnissen bestünden. Denn das tun sie nicht! Sehe ich beispielsweise, dass die Rinde des Baumes einen weißen Fleck hat, sodass ich mich zu der Behauptung berechtigt glaube: „Die Rinde des Baumes hat einen weißen Fleck", dann will ich nichts über meine Erlebnisse sagen, weder über einfache noch über komplexe. Ich will vielmehr etwas über eine Tatsache der Außenwelt sagen, nämlich über die Farbe, welche die Rinde des Baumes an einer bestimmten Stelle hat.

Aber liegen meinem „Sehen, dass ..." nicht notwendig Seherlebnisse *zugrunde*? Es waren, glaube ich, Gilbert Ryle und Ludwig Wittgenstein, die dagegen zuerst Einspruch erhoben. Würde es den weißen Fleck auf der einen Seite und mein Erlebnis des weißen Flecks auf der anderen Seite geben, und würde es das Erlebnis sein, das den Inhalt dessen bildet, was ich sehe: dann müsste der Inhalt meines Sehens etwas Psychisches sein, ein Ereignis „in mir". Das wäre indessen absurd. Wenn ich sehe, dass die Rinde des Baumes an einer bestimmten Stelle weiß ist, dann sehe ich nicht etwas Weißes „in mir", sondern etwas, das außerhalb von mir seinen Ort hat, nämlich dort, wo sich der Baum befindet, den ich betrachte.

Gegen diese Analyse gibt es einen bekannten Einwand: Was ist denn, wenn ich etwas sehe, das gar nicht existiert? Was, wenn ich mir bloß einbilde, einen Baum zu sehen, während es sich in Wirklichkeit um einen Braunbären handelt, der auf seinen Hinterbeinen steht, sodass ich den Sabber, der ihm aus dem Maul rinnt, für einen weißen Baumrindenfleck halte? Dann kann es doch nicht sein, dass der Inhalt meiner Wahrnehmung sich außerhalb meiner selbst befindet, an einem Ort „da draußen". Und man bedenke: Es gibt ja auch Halluzinationen, denen in der Außenwelt *gar nichts* entspricht. Angenommen, ich leide unter Verfolgungswahn, weswegen ich auf einem Platz, der vollkommen leer ist, plötzlich das Erlebnis eines auf seinen Hinterbeinen stehenden Braunbären habe, der im Begriffe ist, sich auf mich zu stürzen, um mich aufzufressen ...

Das stimmt, doch was folgt daraus? Wesentlich scheint, dass aus dem Umstand, dass „da draußen" nicht wirklich ein Baum oder ein Braunbär existiert, keineswegs folgt, „in mir" müsse ein Baum oder Braunbär existieren, wobei der eine wie der andere aus Erlebnissen zu bestehen hätte. So etwas folgt nicht nur nicht, es ist Unsinn! Und auf die Frage, wo sich der eingebildete Baum oder der halluzinierte Braunbär denn dann befinde, lautet die einzig vernünftige Antwort: *Nur scheinbar da draußen.* Und das wiederum schließt in unserem Fall, in dem es um mögliche Dinge der Außenwelt geht, logischerweise mit ein: *Nirgendwo.*

Es bleibt eine Frage: Was ist das, das einer sieht, der ein nichtexistierendes Ding sieht? Es ist ja nicht so, dass der dann nichts gesehen hätte, oder? Nein, er hat *tatsächlich* etwas gesehen, nämlich ein tatsächlich *nichtexistierendes* Ding. So eben funktioniert unser Bewusstsein. Weit davon entfernt, dass unser Bewusstsein aus lauter mehr oder weniger komplexen Dingen „in uns" bestünde, die ihrerseits aus einfachen Erlebnisdingen bestünden, sind wir kraft der Funktionsweise unseres Bewusstseins immer schon über uns hinaus: „da draußen". Die Inhalte der Wahrnehmungen existierender Außenweltdinge existieren außerhalb von uns, wohingegen die Inhalte der Wahrnehmungen nichtexistierender Außenweltdinge, ob weiße Baumrindenflecken oder weißgefleckte Braunbären, nicht in uns existieren, sondern nirgendwo, nicht in der Außenwelt und nicht in unserem Gehirn, ja dort schon gar nicht.

***

Sinnesdaten, so sagten wir, wurden vom Empiristen als einfache Erlebnisdinge betrachtet, aus denen unsere gesamte Erkenntnis gewonnen werden sollte. Bei genauerer Betrachtung zeigt sich jedoch, dass der dem Sinnesdatum zugrundeliegende Begriff der Einfachheit weder klar noch sinnvoll ist. Denn egal, ob es sich um Wahrnehmungen oder Erlebnisse handelt, sie alle müssen zwei Bedingungen erfüllen, die man als *Nichteinfachheitsbedingungen* charakterisieren könnte: Sie müssen begrifflich imprägniert und ichhaft sein.

Begriffliche Imprägnierung – das ist ein Bild, aber es trifft die Sache. Wenn wir sehen, dass ein Fleck auf der Rinde eines Baumes weiß ist, dann ist der Sachverhalt, den wir sehen, nicht nur gleichsam eine Angelegenheit des Baumes und seiner Farbe. Nein, der Sachverhalt selbst ist ebenso eine Angelegenheit der Begriffe, die wir auf ihn anwenden. Die Begriffe fließen in den Sachverhalt ein wie ein Imprägniermittel. Das klingt mysteriös, insofern Begriffe als Mittel unserer Verständigung dazu dienen, Dinge zu bezeichnen und zu beschreiben. Dennoch wäre es witzlos zu fragen, was der Baum, die Rinde, der Fleck und seine Farbe abzüglich der Begriffe seien, die wir auf sie anwenden.

Es gibt eine altehrwürdige Denktradition der begriffsfreien Wahrnehmung. Ihr zufolge erleben wir die Dinge zunächst mit gleichsam unschuldigen Augen. Wir sehen bereits, wie die Dinge sind, noch bevor wir sie in das Netzwerk unserer Sprache einspannen. So sehen kleine Kinder die Dinge, oder? Und sehen nicht auch Tiere die Welt so? Die richtige Antwort auf diese Fragen lautet: Nein.

Tiere sehen die Dinge nach Maßgabe der Organisation ihrer Sinnesorgane, ihres Nervensystems und ihres Gehirns. Das, was ihnen als Erlebnisinhalt bewusst wird – falls man bei Tieren ohne Umstände von bewusstem Erleben reden darf –, ist das Ergebnis einer komplizierten, evolutionär langfristig herausgebildeten Selektion der Wirklichkeit. Frösche schnappen unbelehrbar nach Bleikugeln einer bestimmten Größe, die an ihnen in einer bestimmten Distanz mit einer bestimmten Geschwindigkeit vorbeibewegt werden. Denn der Frosch „sieht" aufgrund der Organisation seines Sehvermögens keine Bleikugel, sondern ein Insekt. Freilich fehlt ihm die Sprache, den Sachverhalt, den er „sieht", auszudrücken.

Erst die Sprache gestattet es, zumindest einige der Irrtümer, die in die Dinge „hineingesehen" werden, auch wieder zu korrigieren. Wenn wir davon sprechen, dass wir einen weißen Fleck auf der ansonsten braunen Rinde eines Baumes sehen, haben wir vermutlich den Eindruck eines einfachen Erlebnisses, das begrifflich so gut wie unschuldig ist. Doch dieser Eindruck täuscht. Um über Bäume verständig reden zu können, müssen wir lernen, gewisse Dinge als Bäume zu benennen; und indem wir lernen, Bäume *richtig* zu benennen, lernen wir gleichzeitig, mit der Benennung eine kleine *Alltagstheorie* zu verbinden.

Zum Beispiel: Bäume beißen nicht. Würde ein Ding, das mir als Baum erscheint, mich beißen, während ich es betaste – so wie manche Bäume in manchen Märchen –, dann würde ich gewiss nicht mehr behaupten, dass das, was ich soeben gesehen und betastet habe, ein Baum gewesen sei. Ich würde vielmehr sagen, dass ich von einem rätselhaften Ding gebissen wurde, das offenbar bloß ausschaut, als ob es ein Baum wäre: also ausschaut, *als ob es zu seiner Natur gehörte,* Wurzeln, Stamm und Äste zu haben, Blätter oder Nadeln zu tragen, Jahresringe anzusetzen etc. pp., wohingegen es keinesfalls zu seiner Natur gehörte, mit Beißwerkzeugen ausgestattet zu sein.

Und wie steht es mit dem einfachen Farberlebnis? „Das hier ist jetzt weiß." Handelt es sich dabei etwa nicht um ein Sinnesdatum? Abermals: Nein. Denn auch Farberlebnisse, sie mögen so einfach wie möglich sein, sind begrifflich imprägniert. Auch in sie ist, sofern sie sprachlich ausgedrückt werden können, eine Farbbegrifflichkeit eingeflossen, die ihrerseits eine Alltagstheorie über die Natur der Farben voraussetzt. Glaube ich zu sehen, dass „das hier jetzt" weiß ist, werde ich an meinem Urteil nur solange festhalten, als bunte Schatten, die über „das hier jetzt" fallen, nicht abgedunkelt, sondern aufgehellt werden. Andernfalls würde ich meinen Farbeindruck überdenken und sagen: „Offenbar eine Täuschung!" Und ich würde, nach einer kurzen Prüfung des Sachverhalts, vielleicht erklärend hinzufügen: „Die Täuschung entsteht dadurch, dass die braune Rinde des Baumes hier feucht ist, sodass ich jetzt, wegen der einfallenden Sonnenstrahlen, den Eindruck eines weißen Flecks habe."

Und man beachte: Es handelt sich nicht um einen gleichsam unpersönlichen Eindruck, sondern um *meinen* Farbeindruck im Rahmen *meiner* Baumwahrnehmung. Auch das Ichhafte unserer Erlebnisse ist eine Art Imprägnierung. Man zögert, sie „begrifflich" zu nennen, denn sie ist derart fundamental, dass an ihr die Möglichkeit zu hängen scheint, überhaupt Begriffe zu verwenden. Tatsächlich sind wir außerstande, uns eine *Vorstellung* von einem nicht-ichhaften Erlebnis zu machen.

Sofern ein erlebnisfähiges Wesen kein Ich hat, wie zum Beispiel ein Frosch, sind seine Erlebnisse ich-loser Art. Was bedeutet das? Das bedeutet, dass wir, die wir ichhaft erleben, uns unsererseits nicht vorstellen können, wie es ist, als Frosch etwas zu erleben. Ichhaft zu erleben formt die *Natur* unserer Erlebnisse. Denn ichhaft zu erleben setzt notwendig ein Bewusstsein darüber voraus, dass ich selbst es bin, der erlebt. Andernfalls wäre mein Erlebnis nicht das, was es ist. Vor allem aber: Es wäre als dieses bestimmte Erlebnis gar nicht existent. Denn mein Erlebnis ist seiner Natur nach so geartet, dass es nur als *mein* Erlebnis und nicht als etwas Unpersönliches existieren kann – als ein Erlebnis an sich.

Kurz gesagt: Es gibt keine begrifflich neutralen, theoretisch unschuldigen und, im Falle selbstbewusster Wesen, unpersönlichen Erlebnisse. Noch kürzer gesagt: *Es gibt keine Sinnesdaten.* Schon das einfachste Erlebnis, das wir uns im Prinzip vorstellen können, ist komplex. Wollte man trotzdem auf der Existenz von Sinnesdaten beharren – muss nicht das psychisch Komplexe irgendwie aus einfachen Elementen aufgebaut sein? –, dann käme man zu einem paradoxen Ergebnis: Sinnesdaten wären dann nichts, was sich erleben ließe!

Die entsprechende Sinnesdatentheorie müsste folgendermaßen argumentieren: „Ein Sinnesdatum ist jener vorbewusstseinsartige Aspekt unseres Erlebens, welcher der kleinsten physiologischen Einheit entspricht, die für unser Gehirn eine speicherungsfähige Information repräsentiert. Indem durch das Zusammenspiel einer großen Anzahl von Nervenzellen in verschiedenen Aktivitätszuständen aus relativ einfachen Informationen immer komplexere Informationseinheiten aufgebaut werden, erreichen einige von ihnen jene Komplexitätsstufe, ab der, den neuronalen Zuständen und Prozessen entsprechend, Erlebnisse in ichhaft bewusster Form auftreten." Man versteht das Motiv hinter einer solchen Theorie. Erklärt sie nicht immerhin, warum uns überhaupt etwas bewusst wird?

Schließlich sind Nervenzellen und ihre Aktivitäten an sich nichts Bewusstseinsartiges. Sie gehören ins Reich des Physischen. Der Sprung ins bewusste Erleben bleibt daher ein Mysterium. Es sei denn, man nimmt an, dass neuronale Vorgänge, die sich dem Naturwissenschaftler als physische Prozesse darstellen, schon bei der einfachsten Informationsgewinnung („Kodierung") einen psychischen Innenaspekt haben. Dieser Aspekt – nennen wir ihn *atomares Bewusstsein* – ist dem erlebenden Subjekt prinzipiell *unzugänglich*. Erst wenn aus den nichterlebbaren Elementen des atomaren Bewusstseins, den „Bewusstseinsatomen", durch die Vernetzung einer Fülle neurologischer Kodierungen komplexe Informationseinheiten geworden sind, tritt der Bewusstseinsaspekt aus seiner Verborgenheit hervor. Es sind dann im Gehirn physische Konstellationen entstanden, die von dem Subjekt, „in dem" sie sich organisieren, *als* innere Vorgänge und Eindrücke von außen erlebt werden. Es entstehen Gefühle, Wahrnehmungen, Gedanken, Erinnerungen; es entfaltet sich die vielfältige Welt des ichhaften Bewusstseins.

Die Theorie des atomaren Bewusstseins ist notwendigerweise eine Doppelaspekttheorie. Der Nachteil einer solchen Theorie, wonach Physisches und Psychisches zwei Seiten einer Medaille bilden – das heißt eines Typus von Dingen, die zugleich physisch *und* psychisch sind –, liegt auf der Hand. Der Begriff des nicht bewusstseinsfähigen (oder noch nicht bewusstseinsfähigen) Bewusstseins, der die Situation des Sinnesdatums im Rahmen der Doppelaspekttheorie charakterisiert, klingt nach einem Widerspruch in sich selbst. Und er klingt nicht nur so.

Hier wird, um die Idee der einfachen Dinge zu retten, ein paradoxes Phantom geschaffen. Dieses Phantom ist weder von außen noch von innen, weder mit den Mitteln der Naturwissenschaft noch kraft eigenen Erlebens ans Licht der Erkenntnis zu bringen. Es handelt sich um das Sinnesdatum als *nichterlebbares Erlebnis*.

2.
REGENBÖGEN

Kein Zweifel, die Theorie des atomaren Bewusstseins erzwingt den Begriffsunsinn des nichterlebbaren Erlebnisses. Und kein Zweifel auch: Die Idee des Sinnesdatums war ein Mythos. Man wundert sich hintennach, wieso der Mythos so lange überlebte.

Lag es daran, dass es sich um den letzten Mythos vom Einfachen handelte? Vielleicht wollte der denkende Mensch wenigstens Herr im eigenen Bewusstseinshaus bleiben, nachdem die erkannte Welt ungeheure Komplexitätstiefen erahnen und die Dekonstruktion des überliefert Einfachen kaum noch etwas übrig ließ.

Es ist heute nur mehr schwer vorstellbar, was es vor erst wenigen Jahrhunderten für den menschlichen Geist bedeutete, als die ersten Fossilfunde erkannt und ansatzweise richtig verstanden wurden. Die einfache Ordnung der mythischen Welt zerbrach. An ihre Stelle trat eine andere. Diese andere Welt war nicht siebentausend Jahre alt, wie die besten Bibelforscher ihrer Zeit errechnet hatten. Es stellte sich heraus, dass eine Unmenge Pflanzen und Tierarten offenbar seit sehr, sehr langer Zeit ausgestorben war. Gleichzeitig begann vieles darauf hinzuweisen, dass die Entwicklung des Lebens von einer schwer verständlichen Kontinuität beherrscht wurde.

Vor allem aber: In der ganzen Entwicklungsgeschichte schien kein Ziel zu stecken, hinter dem ein Wille hätte vermutet werden können. Je mehr der Mensch über die Welt und sich selbst herausfand, umso schmerzhafter musste er erkennen, dass sie mit dem, was man vom Schöpfungswerk Gottes erwarten durfte, nämlich einfach, geordnet und sinnvoll zu sein, nichts zu tun hatte. Die Wahrheit erwies sich, je deutlicher sie der Forscherblick zu erahnen begann, als im Grunde unverständlich und schrecklich.

Deshalb hatte Friedrich Nietzsche die grausame Natur auch „gütig" genannt. Denn, so Nietzsche, die Natur umgarne den Menschen mit einem bunten Schein aus Bildern, die ihm vorgaukelten, die Welt spreche durch tausend und abertausend Zeichen und sei, bei allen Übeln, doch eine Heimat. Die Wahrheit, so Nietzsche, wäre für den Menschen nicht zu ertragen. Vielmehr sei es die Illusion, die den Unwissenden trage. Von Träumen umfangen reite er auf der Wahrheit wie auf dem Rücken eines Tigers.

Wehe dem Unglücklichen, der aus seinem Schlaf erwacht und in die Tiefe blickt! Er, Nietzsche, der furchtlos Zerrissene, der Umwerter aller Werte, der Wahrheitsritter und Wahrheitsverächter, hatte einen Blick in die Tiefe getan, einen langen tiefen Blick. Seither wandelte er nach eigenem Zeugnis unter dem göttlichen Blitzstrahl ebenso wie unter der eisigen Narrenkappe des Wahnsinns. Ja, hatte er, Nietzsche, nicht eigentlich die Taufe des Religionsgründers erhalten? Das war literarische Dramatisierung nach dem Geschmack des 19. Jahrhunderts. Der Wahrheit ins Gesicht zu schauen bedeutete zu versteinern. Das antike Bild der Medusa wurde zum Lieblingszitat. Es beerbte den alttestamentarischen Schrecken vor einem Gott, dessen Anblick kein Mensch ertragen kann. Wer das Antlitz Gottes ungeschützt schaue, so hatte die biblische Tradition gelehrt, bezahle diesen Moment der Enthüllung mit dem Tod. Nun ging es aber gar nicht mehr um Gott. Es ging vielmehr darum, ob sich die Wahrheit der Welt ertragen lasse, ohne an ihr zu verzweifeln oder vor ihr zu erstarren.

Die explosionsartige Komplexitätssteigerung des Wissens löste heftige Gefühlsreaktionen aus, Destabilisierungswellen im geistigen Fundament. Die Neuzeit, das ist ein einziger Weltbildsturz, verursacht durch Wissen. Es ist das neue Wissen, das die alten Erkenntnisbestände und ihre Vertrautheiten samt und sonders Lügen zu strafen beginnt: *Was ist, ist nicht einfach;* und es ist bis zur irrwitzigsten Sinnlosigkeit fremd!

Gegenläufig dazu gibt es freilich die poetische Phantasie von der grandiosen Einfachheit, der eminenten „Lesbarkeit" dessen, was die Welt im Innersten zusammenhält. *Die Weltformel* – auch das kein wissenschaftlicher, sondern ein ästhetischer Gedanke – *muss einfach sein.* Könnte sie ein Mensch je formulieren und ihre mathematische Struktur verstehen, er würde aus ihrer Schönheit nicht mehr heraustreten können. Und ist nicht alles, was wirklich schön ist, zugleich notwendig einfach?

In dieser Frage waltet ein anderer Einfachheitsbegriff als jener des Baukastendenkens, das in der Sinnesdatentheorie nachwirkt. Einfachheit der Weltformel meint innere Harmonie, Symmetrie, ein Aufeinanderbezogensein der Elemente, das der rein intellektuellen Anschauung, dem mathematischen Auge, als vollkommen einleuchtet. Das Ganze ist vollkommen, weil es vollkommen schön ist. Während die Einfachheit des Sinnesdatums einen Erlebnistyp zum Fundament menschlichen Weltwissens erklärt, der nicht über sich hinausweist und so die totale Innerweltlichkeit fixiert, ist jene Art von

Einfachheit, die Poesie und Schönheit meinen, im Innersten auf Transzendenz angelegt: Was die Teile des Kunstganzen bedeutsam zur Einheit zusammenschließt, ist der Traum vom Absoluten. Auch das eine Dramatisierung des 19. Jahrhunderts: Wer die Welt im Innersten zu schauen vermag, in ihrer Grundgesetzmäßigkeit, die aller Undurchschaubarkeit des Komplexen zugrunde liegt, der sieht das Kunstwerk schlechthin. Der Einfachheitsbegriff, von dem hier die Rede ist, ist das Zentrum einer jeden theologischen Ästhetik.

Rainer Maria Rilkes *Duineser Elegien* beginnen mit den berühmten Worten: „Denn das Schöne ist nichts als des Schrecklichen Anfang, den wir noch grade ertragen, und wir bewundern es so, weil es gelassen verschmäht, uns zu zerstören. Ein jeder Engel ist schrecklich." Hier wird das Geheimnis des Absoluten, welches ein Mal als Gott, ein anderes Mal als Schönheit, ein wieder anderes Mal als Wahrheit erscheint, in einem poetischen Bogen von Furcht, Zittern und Faszination miteinander verschmolzen. Nichts zieht uns mehr an als der Engel, der schrecklich ist.

Soweit es die Wahrheit betrifft, sind die Bilder freilich doppeldeutig. Denn sie bringen einerseits das radikale Anderssein der Welt zum Ausdruck, das sich in den neuen wissenschaftlichen Komplexitäten mehr und mehr enthüllt: In dieser Welt sind wir nicht zu Hause. Andererseits zeigt die Grundgesetzlichkeit der Welt bis hin zu Einsteins Relativitätstheorie eine Ordnung, die einer viel tieferen Beheimatung gleichkommt, als es uns unser Alltagswissen jemals hätte träumen lassen.

Gott würfelt nicht, er komponiert. Wir sind demnach Bewohner eines Universums von übermenschlicher, engelhafter Schönheit. Wir sind Teil der Schöpfung. Deren ungeschützten Anblick – des Schrecklichen Anfang, $E = m \cdot c^2$ – können wir allerdings nur solange ertragen, als sie uns nicht mit ungeschützt göttlicher Wucht ergreift, sondern gelassen verschmäht.

In diesem Zwiespalt der Gefühle hat der eher skeptisch, eher agnostisch gestimmte Empirismus stets eine Philosophie der Abrüstung betrieben. *Common Sense,* Gemeinverstand, das ist seine erste und oberste Erkenntnisquelle. Auch wenn die Kosmologen sich in den unvorstellbaren Ausdehnungen des Universums einrichten und die Mikrophysiker in der Struktur der Atome nach unserem Ursprung suchen: Tatsache ist – so das Argument des Empiristen –, dass sie kein Baumaterial für ihre Theorien hätten, würden wir mit der Welt nicht über unser Alltagsbewusstsein in Kontakt treten. Bevor wir etwas über die Wellenstruktur des Lichts herausfinden, müssen wir die

Phänomene von Licht, Schatten und Farbe kennengelernt haben. Aus den Phänomenen, wie sie uns unsere Sinne liefern, konstruieren wir die Tatsachen der Außenwelt. Während diese oft kompliziert und daher schwer verständlich sind, sind die Phänomene unserer Sinnlichkeit einfach und jedermann verständlich. Was könnte einfacher und verständlicher sein als eine Wahrnehmung dergestalt, dass die Rinde eines Baumes braun ist? Oder dass ein Fleck auf der Rinde des Baumes weiß ist?

Dem steht der wissenschaftliche Befund gegenüber. Der Optik zufolge entspricht dem Farberlebnis „Weiß" die Mischung aller Spektralfarben. Das Weiß-Erlebnis selbst *bedeutet,* dass aufgrund der Art, wie ein Gegenstand die Lichtstrahlen reflektiert, alle drei Zapfen unserer Netzhaut auf die gleiche Weise mit hinreichend hoher Intensität gereizt werden. Braun wiederum ist eine gebrochene Farbe. Braun zu erleben *bedeutet* aus der Sicht der Optik, dass den warmen Farbtönen im Gelb-, Rot- oder Orangebereich ein schwarzhaltiges Farbmittel beigemischt wird. Dabei ist Schwarz ebenso wenig eine Farbe wie Weiß. Das Schwarz-Erlebnis *bedeutet* vielmehr, dass ein Material alle Spektralfarben absorbiert. Weiß und Braun, so ließe sich argumentieren, sind subjektive Realitäten, die in der objektiven Realität – der Wirklichkeit – überhaupt nicht vorkommen. Sie werden, auf der Basis komplizierter physikalischer und sinnesphysiologischer Vorgänge, erst auf komplizierte Weise in unserem Gehirn erzeugt.

Aus Gründen, die heute, in den Tagen forcierter Gehirnforschung, mehr denn je auf der Hand liegen, war das empiristische Programm ein Fehlschlag. Was immer uns bewusst wird, ist das Ergebnis höchst verwickelter Vorgänge in unserem Gehirn, von denen wir als Laien keine Ahnung haben. Wir können den Eindruck der Einfachheit eines Erlebnisses nicht abschütteln. Doch die Einfachheit dessen, was das Erlebnis *als Teil der Wirklichkeit* bedeutet, ist eine physiologisch erzwungene Täuschung. Bereits in unseren einfachsten Erlebnissen steckt, physikalisch, physiologisch und informationswissenschaftlich betrachtet, eine enorme Menge an Selektion, Vernetzung, begrifflicher Struktur und theoretischem Wissen. Fiele all das weg, was im Alltagserleben der Wirklichkeit als nichterlebte Wirklichkeit drinnen steckt, dann würde kein Erlebnis übrigbleiben.

Halten wir fest: *Nicht die Dekonstruktion des Komplexen ist das Kennzeichen unserer Zeit, sondern die Dekonstruktion des Einfachen.*

Doch damit scheint die Welt in eine Schräglage zu geraten. Sie scheint als Ganzes an Realität zu verlieren. In allen unseren Erlebnissen steckt nicht nur dies und das, was im Gehirn vorgängig prozessiert und fabriziert wurde. Die Struktur unserer Erlebnisse verdankt sich außerdem einer langwierigen Evolution. Dabei geht es um die Erkenntnis der Wirklichkeit als Instrument des Überlebenskampfes. Für das Überleben eines Organismus oder Genoms wäre es indessen ganz und gar nicht vorteilhaft, wenn seine Erlebnisse „Abbilder der Wirklichkeit" wären (was immer das heißen könnte). Das gilt auch für uns Menschen. Würden uns unsere Erlebnisse die Wirklichkeit so widerspiegeln, wie sie tatsächlich ist, dann wären wir hoffnungslos überfordert, gigantisch verwirrt, ja, bis zum Irrsinn desorientiert. Wir würden vor der Komplexität versteinern wie vor dem Antlitz der Medusa. Was wir von der Wirklichkeit erkennen, ist das Ergebnis von Außenweltreizen, die von unserem Nervensystem in elektrochemische Impulse umgewandelt werden. Auf diese Weise formieren und aktivieren sich die Neuronennetze unseres Gehirns. Alles, was ins Gehirn kommt, ist physiologisch kodiert. Es stimmt mit dem, wodurch es ausgelöst wurde, das heißt mit bestimmten Vorgängen in der Wirklichkeit, weder qualitativ noch quantitativ überein. Wie also könnten uns die subjektiven Aspekte des Verarbeitungsprozesses, die uns als Erlebnisse bewusst werden, die Wirklichkeit jemals so zeigen, wie sie objektiv ist? Die Antwort liegt auf der Hand: Sie können es nicht.

In unseren Erlebnissen stecken evolutionäre Auslesezwänge. Sie sind keine göttlichen Spiegelchen. Hier bahnt sich ein großer, nein, der größte überhaupt denkbare Erkenntniszirkel an. Aus ihm können wir uns selbst nicht befreien, es sei denn ebenso sinnreich wie Baron Münchhausen, der sich beim eigenen Schopf aus dem Sumpf gezogen haben will. Auf die kürzeste Formel gebracht, lautet der Zirkel: Wir müssen uns mit Hilfe der subjektiven Erlebnisdaten, die unser Gehirn uns liefert, eine Vorstellung davon machen, wie unser Gehirn objektiv beschaffen ist und funktioniert. Und da wir nicht aus unserem Gehirn heraustreten können, um Nachschau zu halten, wie sich die Dinge wirklich – nämlich gleichsam von oben und außen betrachtet – verhalten, so ist das beste Ergebnis, zu dem wir gelangen, folgende unüberwindbare Dekonstruktion: *Indem unser Gehirn unsere Erlebnisse erzeugt, mit deren Hilfe wir uns ein Bild von der Wirklichkeit machen, erzeugt unser Gehirn erst die Wirklichkeit und damit, als Teil der Wirklichkeit, sich selbst.*

***

Nichts ist leichter, als alles zum Verschwinden zu bringen. Nichts lässt sich leichtfüßiger, gedankenspielerischer bewerkstelligen als die Dekonstruktion. Wenn es einen Tänzer unter den Philosophen gibt, dann ist es der Dekonstruktivist. Er tänzelt über die Begriffe hin: kein fester Boden unter den ineinander verfugten Wahrheiten! Er lässt uns ein wenig scheinlogischen Tüll sehen. Er dreht mit Argumenten kapriziöse Pirouetten, bis nichts mehr bleibt als ein Kitzel und ein Schwindel. *Eh voilà!* Alles verschwunden ...

Gewiss, wir haben keinen Anfang und wir sind nicht in der Lage, uns aus uns selbst herauszudrehen. Wir leben rundum eingeschlossen in unserem Bewusstseinsgehäuse. Wir sind darin tiefer eingewurzelt als die Einsiedlerkrebse in ihrer Schale. Wir können, solange wir leben, unser Gehäuse nicht abstreifen. An ihm sind unsere Erlebnisaugen nach innen, durch unsere Sinnesorgane zum Gehirn hin, festgewachsen. Die ständig wechselnden bunten Bilder in unserer Bewusstseinsgehäusewelt geben uns das Gefühl, auf dem offenen Meer der Wirklichkeit zu treiben – und das heißt nun aber nichts anderes als: Es gibt keinen Felsen, um darauf unsere Erkenntniskirche zu bauen.

*** *

Soviel zu Logik der Dekonstruktion. Sie trifft einen tiefen Punkt unserer Existenz, vielleicht ihren Dreh- und Angelpunkt. Zugleich kann sie sich nicht von dem Verdacht befreien, unserer Existenz vollkommen äußerlich zu bleiben. Ihre Erkenntnisse rinnen an uns gleichsam ab wie die Wassertropfen an der Regenhaut.

Obwohl wir nicht umhinkönnen, der dekonstruktivistischen Logik theoretisch zuzustimmen – jawohl, wir bewegen uns in einem riesigen Erkenntniszirkel –, spüren wir doch, dass wir diese Art von Logik praktisch weder ernst nehmen können noch dürfen. Der Dekonstruktivist, der sich im Alltag verhalten wollte, als wäre er ernsthaft einer, weil er nämlich tatsächlich einer *ist,* hätte einen schweren Gang vor sich: den Gang ins Irrenhaus. Jemand, der ernsthaft behaupten wollte, dass alles verschwunden sei, die ganze Wirklichkeit, einschließlich des eigenen Gehirns, das laufend die Illusion der Wirklichkeit produziere – so einer wäre hellauf dem Wahnsinn verfallen.

Nachdem wir unsere Erlebnisse, unser Gehirn und die Welt dekonstruiert haben, *ist alles wieder da.* Soeben schien uns noch, als ob es weder Körper noch Geist, sondern nur das eine oder das andere oder keines von beiden gäbe; als ob wir kein eigenes Sein hätten, sondern nur durch die Sprache hindurch existierten; als ob die Sprache sich niemals auf ein Objekt bezöge, sondern immer bloß auf sich selbst. Doch dann, plötzlich, nach den vielen Lektüren, in denen der Zeitgeist mit immer frischem Begriffswind wehte, reißen wir die Fenster unserer Studierstube auf und atmen tief ein: Und siehe, alle Farben leuchten klar und tief, auch das dunkle Braun der Bäume auf dem Hügel gegenüber, die sich zu einem kleinen Wäldchen zusammengerottet haben ...

Die Welt ist wieder da und wir sind wieder begnadet, sie als das zu erleben, *was wirklich zählt:* als das Letztgültige. Nichts engelhaft Schreckliches nimmt hier seinen Anfang. Auch droht die Wirklichkeit nicht, auf einer Seinsschräge abzurutschen, um uns als leblos sich selbst Erschaffende zurückzulassen. Wir müssen nicht erst gelassen verschmäht werden, um den Anblick des Schönen zu ertragen, zum Beispiel jetzt, unter meinem Fenster, im Hofgarten, den Anblick der im Nachregenwind zersausten, spätherbstlichen Rosen, deren kleine Blüten weiß auf der noch nassen schwarzen Erde glänzen. *Alles ist da.* Es bedarf keines Zusatzes, keines Umweges über die Neuronenwelten meines Gehirns, um *wirklich* zu sein. Bedürfte das, was da ist, dieses Umweges, es zerfiele zur Unwirklichkeit.

„Da sein": Man ist nicht ungestraft Philosoph. Kaum ist das Wort gedacht, gedacht von meinem – in Wörtern wie „Dasein" eingeübten – Gehirn, schon beginne ich für mich allein ein kleines Privatissimum abzuhalten. Was mich am „Dasein" stört, ist seine Nähe zur „Sorge", die es durch Heidegger erhalten hat. Ihm zufolge firmiert der Mensch als Dasein, dessen Sein die Sorge ist, oder so ähnlich. Mir aber kommt im Moment vor, ich sei unbesorgt.

Nein, mir kommt vor, ich *sollte* unbesorgt sein. Ich schaue aus dem Fenster und staune, dass um diese Jahreszeit über dem kleinen Wald mir gegenüber, aus dem der Nachregendunst in Schwaden aufsteigt, noch ein Regenbogen am Himmel steht, blass, aber in allen Farben, während im dunklen Hofgarten unter mir die nasse schwarze Erde mit kleinen weißen Rosenblättern gesprenkelt ist.

Mir kommt vor, ich sollte unbesorgt sein, aber mein Philosophengehirn (oder was das für ein Gehirn ist) nimmt diesen schlichten Rat meines Herzens besorgt zum Anlass, um über Struktur und Grund meiner Besorgtheit um Unbesorgtheit nachzudenken (oder was das ist, was mein besorgtes Gehirn tut):

„Da sein, Dasein", wir sollten es so verstehen, dass im Dasein der Dinge ihre primäre Wirklichkeit liegt. Mit der ohnehin unmöglichen Sinnesdatenexistenz hat das nichts zu tun. Vielmehr hat es damit zu tun, dass die primäre Wirklichkeit der Dinge im Anschaulichen ihrer Existenz

wurzelt, und dass das Anschauliche dazu drängt, sich als Ausdruck der Schöpfung zu offenbaren. Deshalb gehört die primäre Wirklichkeit der Dinge enger zur Formenwelt der Kunst, der Schönheit und Poesie, als zur Wissenschaft, die von der Anschauung weg, hin zur Abstraktion, strebt. Mit der Verwechslung von Illusion und Realität, der illusionsseligen Anerkennung des Irrtums, hat das ebenfalls nichts zu tun.

Dass jede Anschauung eine Illusion sei, ist der erste dekonstruktive Schritt auf die Seinsschräge zu, an deren Ende alles, was wirklich ist, verschwindet. Wir sind befähigt, ohne Weiteres zu erkennen, dass der Regenbogen, der sich vor uns über den Himmel spannt, eine Art Illusion ist: ein Farbenspiel, geboren aus Licht und winzigen Wassertröpfchen. Dennoch ist der Regenbogen als Anschauungswirklichkeit nichts, was sich „dekonstruieren" ließe. Nichts, was sich als Gegenstand der Anschauung offenbart, lässt sich dekonstruieren. Was wäre denn das für eine lächerliche Anmaßung! Es ist die Präsenz dessen, was angeschaut wird – die Schönheit des Regenbogens –, wodurch das Angeschaute eine Wirklichkeit erhält, die primär und daher absolut ist. Dazu mag gehören, dass sich das Absolute in die Form einer Illusion hüllt, falls „Illusion" nicht meint, dass das, was anzuschauen uns gewährt ist, keine Wirklichkeit habe. Denn in jedem Fall liegt im Akt der Anschauung begründet, dass es sich um ein Eröffnungsgeschehen handelt: Dinge anzuschauen meint, sie als Teil der Schöpfung zu erfahren.

Das könntest du nie so niederschreiben, tadle ich mich in Gedanken für das, was mein besorgtes Gehirn denkt. Du könntest das nie so niederschreiben, derart ungeschützt, ohne Begriffsvorkehrungen hinsichtlich Anschauung, Präsenz und Schöpfung, und ohne all die gelehrten Einwände zu bedenken, die gegen alle diese Begriffe schon tausendmal in Stellung gebracht wurden.

Schöpfung? Das ist Theologie! Und doch hat mein Gehirn akkurat dieses Wort als das ihm glaubwürdigste mir zugeschoben. Hat das damit zu tun, dass ich nicht unbesorgt bin, aber es sein sollte? Dass die Präsenz der Anschauungsdinge, bei allem Besorgtsein, das uns die Vernunft gebietet, doch einen Grundzug des Seins als verbindlich aus der Verborgenheit hervortreten lässt: die Unbesorgtheit als ein Moment der Schöpfungserfahrung, die zugleich eine Wirklichkeitserfahrung ist?

Das ist es, was mein Gehirn mir zugeschoben hat: Indem sich dir in den Dingen der Anschauung eine Wirklichkeit eröffnet, die absolut ist, hast du teil am Vollzug der Schöpfung, am Werden des Daseins. Das ist der Grund deiner Unbesorgtheit, an der es dir nach wie vor mangelt.

Eben. Ich schließe besorgt das Fenster. Was bleibt, ist eine scheinbar einfache Frage: *Sind Regenbögen einfache Dinge?*
Der erste Regenbogen, den ich sah, muss einer in einem Märchenbuch gewesen sein. Meinen ersten Regenbogen habe ich als einen Märchenbuchregenbogen in Erinnerung. Und ich kann mich trotz aller Privatissimumsvorbehalte noch immer nicht des Eindrucks erwehren: Ein Märchenbuchregenbogen ist etwas Einfaches. In welchem Sinne? Sagen wir, in dem Sinne, in dem das Märchen eine Lehrstube nicht für allerlei Weltausschmückungsphantasien, sondern – aber vielleicht liegt darin gar kein Widerspruch – für einfache Dinge ist. Wirklich einfach ist nämlich nur das Wunder.
Ich glaube, mein erster Regenbogen wurde von einem Zauberer auf eine Sommerwiese gezaubert. Abrakadabra! An den Zauberspruch im Detail kann ich mich nicht mehr erinnern. Aber ein „Abrakadabra" war auf alle Fälle dabei. Denn für das Abrakadabra gilt: Wenn es von einem richtigen Zauberer am richtigen Platz in der richtigen Weise ausgesprochen wird, dann funktioniert der Zauber. Einfach so. Zum Beispiel wölbt sich augenblicks ein wunderbarer Regenbogen über der Sommerwiese, damit – ich glaube mich zu erinnern, dass es sich in meinem Märchenbuchfall um einen guten Zauberer handelte – die Blumenelfen, denen es in ihren Blumenkelchen schon die längste Zeit schrecklich langweilig ist und die viel lieber auf den Wolken herumtollen würden, am Regenbogen in den Himmel emporkraxeln können. Das alles ist einfach.
Wieso einfach? Weil kein kluges Kind auf die Idee käme, ernsthaft dumme Fragen zu stellen, etwa: Wieso entsteht aus einem Abrakadabra ein Regenbogen? Und wieso rutschen die Blumenelfen nicht am Regenbogen ab? Und warum kann der Regenbogen die Elfen überhaupt tragen, sind sie denn schwerelos? Kinder, die nicht verstehen wollen, dass in den Märchen lauter einfache Dinge passieren, die zugleich wunderbar sind – und die einfach sind, *weil* sie wunderbar sind –, gehören in die Kategorie der allzu früh verdummten Kinder. Solche Kinder nannte man früher „altklug", die stolzen Eltern nennen sie heute gerne „aufgeweckt" oder „intelligent".
Das intelligente Kind glaubt nicht an die Macht des Wortes „Abrakadabra". Schließlich weiß es bereits um die Ohnmacht der Wörter, die Erwachsene verwenden, man kümmert sich am besten nicht allzu sehr um sie oder setzt ihnen gleich Widerworte entgegen. Und daher will dem intelligenten Kind auch partout nicht einleuchten, wieso der Zauberer, den es in Wirklichkeit gar nicht gibt, durch das Aussprechen eines Wortes einen Regenbogen erzeugen können sollte.

Und wie dann auf diesem nichtexistierenden Regenbogen die Blumenelfen, die es in Wirklichkeit auch nicht gibt, imstande sein sollten, zu den Wolken emporzuklettern, durch die sie ebenso durchfallen müssten wie vorher schon durch den Regenbogen, der ja auch nur eine Illusion ist und niemandem den geringsten Halt bieten würde.

Kurz gesagt: Das intelligente Kind ist dümmer, als es das Märchen erlaubt. Denn was das Märchen, indem es uns eine phantastische Geschichte erzählt, lehren will, ist ein *Modell der Einfachheit,* eine Art und Weise, wie man die Dinge betrachten *sollte.* Die Dinge, sagt das Märchen, sind ein Wunder. Es ist das Wunderbare an ihnen, das sie so einfach sein lässt. Was also willst du wissen? Antworte dir selbst (das intelligente Kind mockt, man will es wohl für dumm verkaufen, oder?): Nicht viel, und eigentlich, im Moment, gar nichts weiter ...

Denn das Wunderbare, in dem du, nun schon lange kein Kind mehr, eingebettet bist wie die Raupe in ihrem Kokon, solltest du als das Wesen der Dinge gelten lassen – nur dass du, im Nachregenwind den späten Regenbogen bestaunend, jetzt, beim Aufsteigen der Nebelschwaden, nicht die Elfen in den Himmel hinaufkraxeln, sondern die Vögel aus ihren Baumverstecken in weitem Bogen auf und davon fliegen siehst. Das alles ist *einfach genug.* Du solltest die Schatten und Farben, die Gerüche und das Zusammenspiel der Formen als Ausdruck dieser einen dich einhüllenden Wesensoffenbarung unbesorgt da sein lassen.

∗∗∗

Einfach genug? Sobald die Frage gestellt ist, ist der sanfte Bann gebrochen. Aus dem Wunder des Daseins ist eine verfugte Masse aus Bedingungen geworden, die das Erlebnis des Absoluten Lügen strafen. Nichts ist einfach genug, um der Dekonstruktion zu entkommen.

Ist das Märchen nicht abergläubisch, bestenfalls archetypisch? „Abrakadabra", was ließe sich dazu nicht alles denken und sagen, zumindest aber dies: Hinterm Abrakadabra steckt der späte, dumm gewordene Glaube an die magische Macht des Wortes, die, nach altgriechischem Vorbild stilisiert, das Johannesevangelium einbegleitet: „Im Anfang war das Wort, und das Wort war bei Gott, und Gott war das Wort."

Ferner: Es gibt ganze psychoanalytische Schulen der Ausdeutung von Märchen. Niemals stehen demnach die Dinge für sich selbst. In allen stecken unbewusste Wünsche, ödipale und andere. Die Ungeborgenheit ist ein Symptom und auch die Geborgenheit. Allmachtsphantasien wechseln mit Traumbildern ab, die darauf hindeuten, dass man zur Ruhe des Todes, des Anorganischen, wieder zurück möchte. Und niemand schaut demnach durchs Fenster, als ob er bei vollen Sinnen noch gar nicht geboren wäre, es sei denn, in solchem Schauen ginge es, fern aller Tagesvernunft, um pure Trieblogik: Es ginge darum, in der mütterlichen Urhöhle zu verweilen und dabei aber unverletzlich zur Welt zu kommen. Demnach ist nichts, was ist, einfach anschaubar; alle Anschauung, die das Daseiende unbesorgt einfach sein lässt, funktioniert wie ein unverständlicher Schlüssel zu einem verlorengegangenen Schloss, das erst die Triebtheorie im Abgrund des Unbewussten entdeckt. So wird auch die Wirklichkeit zu einem Kulissentheater.

Und schließlich: Die wirksamste Methode, um das Einfache des Wunderbaren zu „dekonstruieren" – schon wieder dieses Wort, das ich nicht loswerde, hier nicht und auch später nicht –, ist die didaktische: Ist denn das Märchen nicht dazu da, um die Phantasie unserer Kleinen und jung gebliebenen Großen anzuregen? „Liebe Kinder, was denkt ihr euch, wenn ihr einen Regenbogen seht, auf dem die Elfen emporkraxeln? Na, was kommt euch dabei in den Sinn? Und was würdet ihr euch für einen Zauberspruch einfallen lassen, wenn ihr einen Regenbogen zaubern wolltet: Abrakadabra? Das wäre doch ein bisschen einfallslos, gelt?" Dergestalt werden die kleinen und großen Kinder, deren Sinn fürs Märchenhafte in dem Maße zerstört wurde, in dem sich ihre Phantasie bereicherte, später aus dem Fenster schauen oder durch den Wald streifen und alles, was ihnen an Naturdingen unterkommt, taxieren, als ob es bloß dazu da wäre, die Phantasie zu bereichern: didaktische Hilfsmittel, Anregungen zum eigenen Schöpfertum.

„Was können wir denn aus den Blättern des Herbstes basteln, liebe Kinder?" Die Ergebnisse werden schon bald von den stolzen Eltern in den Kreativschaukästen schöngeistig ambitionierter Bildungsanstalten bewundert werden dürfen. Dort nämlich werden, kaum ist der Sommer vorbei, die Schülerinnen und Schüler ihre aus Herbstblättern auf Papier, Holz und anderem kunsthandwerklichen Material gefertigten „Herbstphantasien" zur Schau stellen.

Doch die Wunder des Phantasiereichtums sind immer die falschen Wunder. Im falschen Wunder genügen sich die Dinge nie selbst (sie wurden niemals *angeschaut*). Das wird im Kreativunterricht zum Kreativleitsatz: Nichts sehen, wie *man* es sieht! Keine durchschnittlich träge Anschauung! Aus den Blättern des Herbstes, deren jedes einzelne ein vom Baum gefallenes Wunder war, bevor es der Kreativität eines Kunsterziehers und seiner Schutzbefohlenen überantwortet wurde, kann etwas gemacht werden, etwas Einfallsreiches, eine Figur oder Figuration, die auch noch etwas *bedeutet*, was *kein* Blatt ist, ja möglichst wenig mit einem Blatt zu tun haben sollte. Das eben ist Phantasie. Überlässt man sich nicht einfach der Trägheit der Anschauung, dann lässt sich in allem alles sehen, man braucht sich nur *umzuschauen*, inwendig und äußerlich (nicht bloß hinschauen!): ein Schiff aus Blättern, eine Kuh aus Blättern, ein ganzes menschliches Gesicht aus nichts als Blättern ...

Und dann auf höchstem Niveau: der André-Heller-Effekt. Das Einfache ist niemals bloß einfach. Es ist im Gegenteil stets das Raffinierteste. Niemals gehst du einfach über eine einfache Wiese, sondern du schreitest immer nur durch Wunderparks, die dir an jeder Ecke ein Pflanzen- oder Baum- oder Quellwunder offerieren, an denen sich deine Phantasie engelhaft entzündet, um Wunder über Wunder zu ersinnen: Arrangements von begnadeten Klängen, begnadeten Körpern, einfach Begnadeten, ob Zwerge oder Kamele oder Dudelsackbläser, egal, von was auch immer, nur eben wirklich wunderbar und begnadet.

Der André-Heller-Effekt, so benannt nach dem gleichnamigen Kunst- und Geistes-Impresario aus der gleichnamigen österreichischen Zuckerldynastie, würde am real existierenden Regenbogen gar nichts ändern. Gar nichts! Er würde allerdings darauf bestehen, und zwar nachdrücklich sanft, das „Gar nichts!" mit dem Enthusiasmus der Demut zu inszenieren. Ein Regenbogen ist ein Regenbogen ist ein Regenbogen, soviel steht seit uralten Zeiten fest, wie uns die uralten Weisheitsbücher zuraunen. (Dankbar empfangen wir die Nostalgie der Nostalgie des Regenbogens.) Doch nur wenige Zeitgenossen sind ebenso einfach wie begnadet genug, um zu realisieren (*réaliser* im Sinne Cézannes oder eher noch Mallarmés), *dass jeder Regenbogen ein Märchenbuchregenbogen ist.*

Deshalb funktioniert der André-Heller-Effekt wie folgt: Wir fangen das Licht des real existierenden Regenbogens im Augenblick seines Erscheinens, das sich freilich niemals vorhersagen lässt – Geschenk! Wunder! Epiphanie! –, in einem Märchenpalast ein, der aus Milliarden von traumhaften Swarovski-Kristallen von einem halben Dutzend der handverlesen besten Palastarchitekten der Welt unter Einbeziehung der weltbesten Licht- und Reflexionskünstler errichtet wird. Im Regenbogenpalast erstrahlt fortan die Poesie des Regenbogens in seiner reinen Form, einfach und begnadet, eben „realisiert".

Fortan werden in den Märchenbüchern die Regenbögen aus dem Regenbogenpalast kommen – Abrakadabra! –, um überall auf der Welt zu erstrahlen, wo es Regenbögen gibt (und auch dort, wo es bisher keine gab, zum Beispiel, Märchen über Märchen, in Dubai, wo von den besten Klimakünstlern der Welt ein orientalisches Ganzjahresnachregenklima skulpturiert wird).

***

Was haben Sinnesdaten mit Regenbögen zu tun? Es ließe sich sagen: Nichts. Regenbögen sind real, Sinnesdaten sind ein Mythos. Es wäre witzlos, sich vorstellen zu wollen, wie Regenbögen aus Sinnesdaten bestehen. Und dennoch haben sie etwas gemeinsam. Man kann sie als Beispiele nehmen, die uns eine Lehre erteilen – eine widersprüchliche und zugleich komplementäre Lehre.

Was ist die Lehre der Sinnesdaten? Dass es nichts Einfaches gibt, sobald wir die Dinge als bloße Fakten betrachten. Die Dinge als bloße Fakten zu betrachten heißt, in ihnen nichts zu sehen, was Bedeutung hat. Und dabei ist nicht jene Bedeutung gemeint, die daraus entsteht, dass wir Dinge dazu bestimmen – sei es aufgrund ihrer natürlichen Beschaffenheit, sei es aufgrund einer willkürlichen Konvention –, als Zeichen für dies oder jenes einzustehen. Wolken bedeuten Regen. Eine hochgezogene Jalousie bedeutet dem Liebhaber, dass der Ehemann aus dem Haus ist. Nein, gemeint ist jene Bedeutung, die den Dingen deshalb zukommt, weil sie von sich aus, ihrem Wesen gemäß, etwas bedeuten. Gäbe es Sinnesdaten, so wären sie die einfachen Bausteine, „Elemente", aus denen unsere Erlebnisse bestehen, und diese Elemente würden absolut nichts bedeuten. Sie wären, was sie wären, so wie ein weißer Fleck ein weißer Fleck ist. Eine Welt, die nur aus Sinnesdaten bestünde, wäre mangels Bedeutung ganz in sich geschlossen. Es würde sich um eine total innerweltliche – oder besser: verinnerweltlichte – Welt handeln. Nichts würde aus dieser Welt hinausführen, sie hätte keinen Horizont. Zu ihrem Wesen würde es gehören, dass sie vollständig sinnleer wäre.

Gäbe es Sinnesdaten, sie wären das sinnleer Einfache. Deshalb liefern sie uns ein Beispiel dafür, was sich unter größtmöglicher *Immanenzverdichtung* zusammenfassen ließe. Und es ist kein Zufall, dass für die meisten Empiristen jedwede Art von Metaphysik, gedacht als die Lehre, die von der Unvollständigkeit aller Immanenz handelt, stets bloß Humbug war. Deshalb ist es auch nur konsequent, dass für den Sinnesdatentheoretiker die Anschauung der Dinge, die zu ihrem

Dasein dazugehört, der Subjektivität des Anschauenden – als eine Art Gefühl – zugerechnet wird: Es gibt in der Welt nichts, was objektiv etwas bedeuten könnte.

Demgegenüber Regenbögen. Wir können sie so oder so betrachten, aber in einer bestimmten gültigen Betrachtungsform geben sie uns ein *exemplarisches* Beispiel für die Dinge, die wirklich, einfach und bedeutungsvoll sind. Unter einem empiristischen Gesichtspunkt, der sich dabei auf die Naturwissenschaft beruft, gelten sie als Illusion, die aus einem komplizierten Zusammenspiel an sich bedeutungsloser Fakten, Wassertröpfchen, Sonnenstrahlen und Einfallswinkel entsteht. Doch unter den einfachen Dingen des Lebens gehören Regenbögen zum Realsten. Sie umspannen die wirkliche Welt, insofern diese mehr ist als eine Ansammlung von Fakten. Deshalb auch das Märchenhafte an ihnen: Sie umspannen die Welt als eine Welt der Anschauung, in der Dasein als ein Im-Sein-gehalten-Werden der Dinge und damit zugleich als Wunder einprägsam wird. Nicht als ein Wunder im mythologischen Sinne, oder vielleicht doch ein wenig: Denn wir spüren, sobald wir die Dinge gleichsam märchenregenbogenartig erleben – eben „der Anschauung gemäß" –, dass sie Teil der Schöpfung sind.

Aber was ist denn an der Schöpfung, das sie über den Mythos hinaushöbe, um sie unserem Alltag einzugemeinden? Nun, es gibt Zustände der Erschöpfung, Zustände der Verzweiflung und des Sinnverlusts: Zustände reiner Existenzfaktizität. Doch wir spüren, dass uns in diesen Zuständen etwas abhanden kam, nämlich die Fähigkeit, die Dinge anzuschauen. Sobald wir freilich nicht mehr zu müde, zu schwach oder zu deprimiert, zu sehr in uns verkapselt oder außer uns sind, sehnen wir uns nach der Anschauung der Dinge. Wir wollen aus den Fakten, die uns im Weg stehen, uns beschweren und die Sicht auf den Horizont unseres Lebens abriegeln – auf den Sinn unseres Lebens –, wieder zu den einfachen Dingen des Lebens zurückkehren. Denn wir fühlen uns nur lebendig, wenn uns die Präsenz der Dinge immerhin ab und zu, und meistens selten genug, zu der Gewissheit verhilft, unser Leben sei ein Mitvollzug der Schöpfung.

Ich weiß nicht, ob es mir gelingt, mich einigermaßen verständlich zu machen. Was ich sagen will, ist bloß (aber dieses „bloß" meint für viele bereits viel zu viel), dass sich die Dinge als einfache Dinge des Lebens nur der Anschauung erschließen, aber nicht irgendeiner Art von Sinnesdatenmentalität; und dass nur die Dinge der Anschauung beanspruchen dürfen, *wirklich* wirklich zu sein, weil sie ihrer Natur nach poetisch statt faktisch sind.

Was ich sagen will, ist also: *Das Faktische lässt sich dekonstruieren, das Poetische nicht.* Und eben darin liegt die metaphysische Kluft zwischen Sinnesdaten und Regenbögen.

3.
DIE GESELLSCHAFT, DURCHGESTRICHEN

22. Dezember 2007. Brief an den Redakteur, enthaltend eine Entschuldigung des Rezensenten bezüglich seines Unvermögens, eine Rezension zu schreiben:

Hochgeschätzter Herr Redakteur! Ich danke Ihnen für Ihr Schreiben, in dem Sie mir das Buch des Neubrandenburger Emeritus für Soziologie, Prof. Dr. Peter Fuchs, Das Maß aller Dinge – Eine Abhandlung zur Metaphysik des Menschen, *erschienen im renommierten Wissenschaftsverlag Velbrück[5], ans Herz legen. Nicht unbedacht, wie ich weiß, kennen Sie doch meine eigenen, nur allzu bescheidenen Anstrengungen, die Metaphysik als Königsdisziplin der Philosophie vor den das Maß des Menschen verfehlenden Modernismen (Atheismus, Relativismus, Positivismus, Dekonstruktivismus, Naturalismus etc. pp.) in Schutz zu nehmen.*

Dies wissend, frage ich Sie dennoch, hochgeschätzter Herr Redakteur, nun allen Ernstes, ob ich wirklich ein Buch besprechen soll, in dem Sie, würden Sie es lesen, bereits auf den Seiten 59 f. durch folgende Sätze aus Ihrem – mir nicht unbekannten – konservativen Begriffsweltbild herausgeschleudert würden:

„Wenn sich die vorangegangenen Überlegungen als Tunnelbau auffassen lassen, dann sind wir unter dem herkömmlichen, (anthropo)ontologischen Tanzplatz hergekrochen und an einem Ort herausgekommen, an dem die Frage nach dem Wesen des *Menschen anders gestellt werden kann (nämlich als die Frage nach der konstitutiven Mitwelt sozialer Systeme). Wir haben uns damit den Ausweg versperrt, der – vielleicht bedingt durch eine systematisch auftretende Hilflosigkeit deontologisierender Theorien – darauf verzichtet, vom ‚Menschen' zu reden anders als nur in der Weise, die Ontosemantik* des *Menschen nachzuzeichnen, wie sie überliefert ist und sozial fungiert. "*

Einer der Gründe, warum ich zögere, hier als Rezensent in Erscheinung zu treten, besteht darin, dass mir Fuchs den Ausweg versperrt, darauf zu verzichten, anders als nur ontosemantisch zu reden. Indem er das tut, versperrt er mir den Ausweg, so zu reden, wie mir der Schnabel gewachsen ist. Aber es könnte gut sein, dass mir statt eines Schnabels ohnehin besser eine Schnauze gewachsen wäre. Denn die Vorstellung, als Rezensent hinter dem Autor in einem Tunnel „herkriechen" zu müssen wie der Terrier hinter dem Fuchs im Fuchsbau (verzeihen Sie das kleine Wortspiel), verursacht mir klaustrophobische Atembeschwerden sogar unter der beruhigenden Aussicht, dass es sich dabei um ein Herkriechen unter dem herkömmlichen Tanzplatz des Menschen handelt.

Obwohl, es würde sich vielleicht lohnen. Geht es doch, nach dem Tod Gottes, um den Tod des Menschen! Und da Peter Fuchs, Jahrgang 1949, ein anerkannt prominenter Schüler Niklas Luhmanns ist, geht es bei ihm um den Tod des Menschen im Sinne der soziologischen Systemtheorie. Worum es sich dabei handelt, wäre freilich im Rahmen einer Rezension gar nicht ausdrückbar. Nicht umsonst gehören die Schriften Luhmanns, des 1998 verstorbenen Bielefelder Soziologen, zu den wortreichsten der gesamten Weltwissenschaft. Nur soviel als Andeutung Ihnen gegenüber, hochgeschätzter Herr Redakteur:

Es geht nicht darum, dass Sie oder ich tot sind (das wäre ja noch schöner), sondern um den Tod des Menschen als Abstraktsingular. „Der" Mensch dachte die längste Zeit, er habe eine Wirklichkeit, eine Natur, eben die Natur „des" Menschen. Das war eine Illusion. Denn der Mensch – ich muss jetzt ein bisschen systemtheoretisch werden – ist keine Wirklichkeit. Er ist, sagt Fuchs, ein Kommunikationsmedium, und die Natur des Menschen ist, sagt Fuchs, ein Erzeugnis der Kommunikation.

Befällt Sie da auch ein mulmiges Ahnen, hochgeschätzter Herr Redakteur? Sind Sie wirklich real oder nur herbeigesprochen, herbeigeschrieben? Und sind Sie überhaupt ein Einziger? Wir müssen ja mitbedenken, was uns Fuchs auf Seite 140 seiner Abhandlung über die Metaphysik des Menschen zu bedenken gibt. Wir leben in einer „polykontexturalen Welt", es gibt kein absolutes Oben und Unten mehr, alles ist relativ, auch das Absolute, und wo der eine Code schwarzsieht, sieht der andere womöglich rot:

„Eine polykontexturale Welt (hier: Gesellschaft) ist eine Welt inkompatibler Beobachtungsperspektiven, sie ist keine Hierarchie, sondern eine Heterarchie. Sie hat nicht einen (heiligen) Grund, aus dem sie sich speist, sondern mehrere (heilige) Gründe."

Sollte Sie, hochgeschätzter Herr Redakteur, nun außerdem ein Gefühl des verständnislosen Wunderns anwandeln, nämlich darüber, wie es möglich wäre, dass Ihre Gesellschaft Sie als – pardon! – Abstraktsingular nicht bloß ein Mal, sondern gleich mehrfach erzeugt, „polykontextural" und „heterarchisch", dann kann ich Ihnen auch nicht helfen. Denn ich kann mir selbst nicht helfen, und zwar aus einem Grund, über den mich Fuchs auf Seite 256 seiner Abhandlung mit folgenden Worten belehrt:

„Drückt man es paradox aus (und immer noch in der fatalen, weil nahezu unvermeidbaren Innen/Außen-Metaphorik), dann wäre dem Le-

bewesen ‚Mensch' ein nicht-lebendes ‚Außen' eingeschachtelt oder – in der Ikonographie einer ‚Ineinandersteckwelt' – eingesteckt. Es ginge um eine exkorporale Inkorporation."

So wäre es also möglich, dass Sie, hochgeschätzter Herr Redakteur, aufgrund des Ihnen eingesteckten nicht-lebenden Außen noch allzu sehr altmenschlich und humanistisch reagieren, was zur Folge haben könnte, dass Sie denken, Sie seien nicht bloß das Erzeugnis eines Ihnen exkorporal inkorporierten Codes, sondern irgendwie für sich selbst und an sich seiend. Sie denken vielleicht, Sie seien einfach da: *als Person und Individuum, als Mensch und Teil der Menschheit.*

Aber „da" ist gar nichts, sagt Peter Fuchs, weswegen er, wenn er von der Gesellschaft schreibt, dieses Wort im Text lieber gleich durchstreicht. Gesellschaft ist alles – und insofern nichts. „Sie ist kein Ort der Ausschließung und kein Ort der Einschließung", sagt Fuchs pointiert auf Seite 295 seiner Abhandlung: „Es ist, um es pointiert zu sagen, für die Gesellschaft [das Wort durchgestrichen] *kein Unterschied, ob jemand auf einer Parkbank haust oder im Hilton."*

Kaum war ich, mit Schwindelgefühlen querlesend, bis zu dieser Stelle vorgedrungen, wurde mir klar, dass Sie, hochgeschätzter Herr Redakteur, mir mehr zugetraut hatten, als zu leisten ich mich in der Lage sehe. Denn während ich im Fuchs'schen Tunnelbau unter dem Tanzboden des Menschen herkroch, inkorporierte ich exkorporal, dass ich nicht genügend polykontextural eingesteckt war, um zwischen dem Hausen auf einer Parkbank und dem Logieren im Hilton keinen Unterschied zu erkennen. Da ist ein Unterschied, tut mir leid!

Deshalb kann ich, hochgeschätzter Herr Redakteur, Ihrem Wunsch um Rezensierung der Fuchs'schen Abhandlung bedauerlicherweise nicht entsprechen. Mit der Bitte um Nachsicht und dem Ausdruck vorzüglicher Hochachtung, verbleibe ich Ihr stets ergebener ...

***

Seitdem dieser mein Brief an den Redakteur in der Wochenendbeilage einer österreichischen Zeitung erschienen ist[6], bin ich den schuldbehafteten Gedanken nicht losgeworden, ich wäre es dem nichtrezensierten Rezensierten schuldig, einmal gründlicher über die einfachen Dinge des Lebens nachzudenken.

„Sie denken vielleicht", schrieb ich an den Redakteur, „Sie seien einfach *da:* als Person und Individuum, als Mensch und Teil der Menschheit". Was ich damit sagen wollte, bedarf keiner Erläuterung: In einem alltagsverständlichen Sinne des Wortes „einfach" ist man einfach da. Man ist berechtigt, ohne weitere Diskussion darauf zu beharren, dass man da ist, als Person und Individuum, als Mensch und Teil der Menschheit.

Dabei unterschlug ich freilich, dass der alltagsverständliche Sinn, auf den ich mich umstandslos bezog, selbst nichts Einfaches ist. Es gibt keine einfache Verwendungsweise des Wortes „einfach". Sicher, *ich weiß einfach*, dass ich da bin. Aber ist das dasselbe, wie zu wissen, dass ich *einfach* da bin? Es gibt einen Zusammenhang zwischen der Einfachheit des Wissens und der Einfachheit dessen, was gewusst wird. Aber um was für einen Zusammenhang handelt es sich hier? Das ist ganz und gar keine einfache Frage.

Sind die einfachen Dinge des Lebens – man denke nur daran, dass eine Parkbank kein Hilton ist – deshalb einfach, weil sie einfach *sind:* einfach ihrem Wesen oder ihrer Natur nach? Oder sind sie bloß deshalb einfach, weil wir uns daran gewöhnt haben, sie als einfach zu *betrachten,* zu *beschreiben,* über sie als einfache Dinge zu *reden?*

Frage: Was könnte einfacher sein als der Unterschied zwischen einer Liegestatt aus Brettern unter freiem Himmel und einem Daunenbett mit Baldachin im Luxushotel? Gegenfrage: Ist dieser Unterschied an sich einfach oder nicht vielmehr einer, der uns einfach deshalb zu sein *scheint,* weil wir darauf trainiert sind, ein bestimmtes „moralisches Konstrukt" für selbstverständlich und in diesem Sinne für einfach zu halten?

Das moralische Konstrukt stützt sich – so der konstruktivistische Einwand – nicht bloß auf den faktischen Unterschied zwischen einem Luxushotel und einer Parkbank. Der faktische Unterschied liegt auf der Hand; ihn zu registrieren *ist* einfach, und insofern handelt es sich tatsächlich um einen einfachen Unterschied. Das im engeren Sinn Konstruktivistische des Unterschieds gründet vielmehr darin, dass er – so fährt der Konstruktivist fort – zugleich eine moralische Haltung einschließt oder voraussetzt. Denn wir können gar nicht anders: Sobald wir ein Hilton-Hotel mit einer Parkbank konfrontieren, denken wir eine ganze soziale Problemmasse mit, die immer auch normativ bedeutsam ist: das Problem des Reichtums angesichts drückender Armut, das Problem der sozialen Gerechtigkeit.

Und *das* sind nun beileibe keine einfachen Probleme. Vor allem jedoch handelt es sich um keine Probleme, die außerhalb des sozialen Begriffs- und Überzeugungsrahmens überhaupt einen Sinn hätten. Werte sind – so der Konstruktivist – sozial konstruierte Größen in dem Sinne, dass es sinnlos wäre, sie jenseits gesellschaftlicher Konventionen den Dingen an sich zuschreiben zu wollen. Abgesehen da-

von – so der Konstruktivist – hat der Begriff der „Dinge an sich"
ebenfalls bloß eine Bedeutung innerhalb eines sozial vermittelten
Unterschieds zwischen dem Natürlichen, der „objektiven Realität",
und der menschlich veranstalteten Realität des Gesellschaftlichen.
Und ist vielleicht schon die Frage, ob wir uns *zu Recht* daran gewöhnt haben, gewisse Dinge als einfach zu bezeichnen, gar keine
richtig gestellte? „Zu Recht": Das würde bedeuten, es gibt einen
Rechtsgrund dafür, dass wir beanspruchen, etwas einfach zu wissen.
Doch wenn dieser Rechtsgrund nicht in den einfachen Dingen selber
liegt, wo sollte er dann zu finden sein?
Eine mögliche Antwort wäre immerhin: Es gibt gar keinen solchen
Rechtsgrund. Die Einfachheit unseres Wissens, die sich auf die Einfachheit der Dinge, die einfach gewusst werden, stützt, ist vielmehr
ihrerseits eine „Konstruktion". Denn die Einfachheit der Dinge – so
der Konstruktivist – ist eine Folge unseres Glaubens daran, dass gewisse Dinge einfach gewusst werden können, wobei unser Glaube
nicht in der Einfachheit der Dinge an sich gründet. Es gibt keine solchen Dinge. Unser Glaube gründet vielmehr seinerseits in einer sozialen Konstruktion gewisser Dinge als an sich einfacher im Gegensatz zu an sich komplexen.
Statt „Konstruktion" ließe sich also auch sagen: „kulturell erzeugte
Illusion" oder „gesellschaftlich antrainierter Schein". Aber dann wären wir nicht mehr weit weg von Peter Fuchsens durchgestrichener
Gesellschaft. Denn wenn schon die Einfachheit etwas ist, was wir,
quasi von oben auf sie herabreflektierend, als Faktum durchstreichen
sollten, warum dann nicht erst recht die komplizierten Dinge als
Fakten? Deren Komplexität verdankt sich – gemäß konstruktivisti-
scher Logik – schon insofern einer „Konstruktion", als sie nicht einfach als „einfach" unter den nicht weniger konstruktiven Begriff des
Einfachen zu bringen sind.
Alles klar?
Kurioserweise dürfen wir dann aber die Gesellschaft wiederum
nicht zur Gänze durchstreichen, denn schließlich ist sie ja der Quellgrund all unserer „Konstruktionen", sei es der Quellgrund des Menschen im Abstraktsingular, sei es der des Unterschieds zwischen einer
Parkbank und dem Hilton. So wird schließlich – wenn man das Paradox gestattet – die Einfachheitspyramide auf den Kopf gestellt: Irgendwie ist es schließlich die Gesellschaft, die, als Nichtkonstrukt aller Konstrukte, eine rätselhafte Hintergrundeinfachheit unseres Erlebens und Nachdenkens bildet: „Sie ist kein Ort der Ausschließung
und kein Ort der Einschließung."

Als ein Nicht-Ort ist die *Gesellschaft, durchgestrichen*, natürlich auch unfähig, wertende Unterscheidungen zu treffen, etwa die zwischen einer Parkbank und dem Hilton. Freilich, wie sie dann überhaupt fähig sein sollte, jemals irgendeine Unterscheidung zu treffen, die zu irgendwelchen „Konstruktionen" führen könnte, bleibt ein Mysterium. Ich nenne es, um mein schuldbelastetes Gewissen dem rezensierten Nichtrezensierten gegenüber zu erleichtern, das Fuchs'sche Mysterium.

4.
DER HÖHERE UNSINN

Man soll Unvergleichbares nicht vergleichen. Doch es ist erwähnenswert, dass uns der berühmte Anfang des Johannes-Evangeliums mit einem „Einfachheitsproblem" konfrontiert, das dem Fuchs'schen Mysterium strukturell gleicht.

Bekanntlich spricht das Evangelium, in Übernahme des griechischen Logos-Begriffs, einleitend davon, dass am Anfang das Wort war und dass das Wort bei Gott war und dass Gott das Wort war. So also scheinen Gott und Wort am Anfang identisch gewesen zu sein, was einer platonisch inspirierten Tradition entspricht. Dabei wird unter dem „Wort" *(logos)* nicht das Äußerliche einer Sprache, sondern der dem Äußerlichen, Ausgesprochenen, innewohnende Geist verstanden.

Deshalb auch ist das Wort, das Gott ist, zugleich das Licht. Und von diesem heißt es bei Johannes, dass es in der Finsternis leuchtete. Aber von der Finsternis heißt es, dass sie das Wort nicht begreifen konnte. Denn die Finsternis ist, wie das Bild zwingend nahelegt, das Geistlose. Es bleibt bloß die Frage, warum das Licht, und damit der Geist, nicht schlechthin alles umfasst. Ist Gott, der das Wort ist, das das Licht ist, etwa *nicht* alles? Das mutet im Johanneischen Kontext als eine geradezu gotteslästerliche Frage an. Und doch: Wie könnte das Licht leuchten, wenn es die Finsternis nicht gäbe?

Indem Gott der Grund von allem ist, was überhaupt sein kann, und insofern allumfassender „Geist", hängt – streng genommen – seine Existenz an keiner weiteren Bedingung als bloß an sich selbst. Auf die Frage: „Was bedeutet es, dass Gott existiert?", lautet demnach die einzig mögliche Antwort: „Es bedeutet, dass Gott existiert." Doch das ist natürlich keine Antwort. Denn man könnte genauso gut sagen: „Wenn dies die einzig mögliche Antwort ist, dann wissen wir eben nicht, was es bedeutet, dass Gott existiert; und das ist dann für uns ebenso gut oder schlecht, als ob er gar nicht existierte."

So gesehen verdeutlicht das Bild von der Finsternis, welche die Existenz des Lichtes grundiert, nicht bloß die Vollkommenheit Gottes. Die Finsternis dient vielmehr dazu, eine Art negativer Tatsache einzuführen, die *scheinbar* zur Folge hat, dass die Existenz Gottes von der Existenz von etwas abhängt, das sich nicht auf die Existenz Gottes reduzieren lässt.

Alles klar?

Gott leuchtet in der Finsternis. Aber eben bloß scheinbar. Denn die Finsternis ist ihrerseits nichts weiter als ein Bild für dasjenige, *was gar nicht existiert*. Ist doch das Einzige, was existiert, das Licht, das als Logos – als geisterfülltes Wort – alles Sein restlos erschöpft.

Das Unverständliche an dem Licht, das alles erfüllt, besteht freilich darin, *dass es gerade deshalb nirgendwo leuchtet, weil es überall leuchtet*. Ihm fehlt das dunkle Element. Erst die Dunkelheit ermöglicht es dem Licht zu leuchten. Man könnte also sagen: Wenn erst das Licht alles erfüllt, dann hat es bereits aufgehört zu leuchten. Und das bedeutet: Es hat aufgehört zu existieren, nicht mehr und nicht weniger.

Hinter derlei Begriffsdrehereien verbirgt sich das Problem der einen, einzigen Substanz, das noch Peter Fuchs beschäftigt, wenn er das Wort „Gesellschaft" ein Mal durchstreicht und ein anderes Mal nicht. Dabei spielt es keine Rolle, ob man unter Substanz einen aus sich selbst heraus existierenden Gegenstand versteht oder ein sich selbst tragendes Netzwerk aus Funktionen. Wenn es einem nicht zu dumm wäre, könnte man sagen, dass schon der Evangelist Johannes den Begriff Gottes sowohl durchgestrichen als auch nicht durchgestrichen benützte.

Einerseits ist Gott der Urgrund allen Seins, das heißt all dessen, was sich überhaupt sinnvoll benennen und erkennen lässt. Andererseits ist er dann aber absolut unerkennbar, das heißt, vom Standpunkt einer jeden möglichen Erkennbarkeit aus, so gut wie nichts: *Gott, durchgestrichen*.

Um einer solchen Konsequenz zu entgehen, muss Gott als Teil einer Grunddifferenz gedacht werden, nämlich als das Licht, dessen Benennbarkeit sich dem Umstand verdankt, dass es in der Finsternis leuchtet. So erst, gegen einen Hintergrund, der er selbst nicht ist, wird Gott erkennbar und sinnvoll in einem Wort fassbar: *Gott, nicht durchgestrichen*.

Doch diese Wendung zeigt uns schon nicht mehr Gott an sich. Keine Wendung kann Gott an sich zeigen. Sie zeigt uns stattdessen Gott als „Konstrukt", als eine Metapher, die alles in Abhängigkeit bringt von etwas, was seinem Wesen nach *nichts* ist: nicht bloß so gut wie nichts, sondern einfach nichts. Gott ist demnach abhängig von der Finsternis, von der es heißt, dass sie das Licht nicht begreifen kann. Denn diese Finsternis ist das Fehlen jeglichen Lichts, was bedeutet: die Abwesenheit von Sein.

Es scheint, als ob *Gott, nicht durchgestrichen*, Gott als „Konstrukt", das nichtkonstruktive und insofern absolut einfache Wesen Gottes notwendig verfehlt. Demgegenüber scheinen vom Standpunkt jener absoluten Einfachheit aus, die sich in Gottes Unbenennbarkeit zeigt – *Gott, durchgestrichen* –, alle erkennbaren Unterschiede absolut keinen Unterschied zu machen, und handle es sich bloß um die Frage, ob eine Parkbank ein Hilton ist.

Der verständige Leser des Johannes-Evangeliums wird freilich kaum bereit sein, eine Unterscheidung der Art „*Gott, durchgestrichen* vs. *Gott, nicht durchgestrichen*" ernst zu nehmen. Er wird stattdessen den unbezwingbaren Eindruck haben, mit einer Form des höheren Unsinns erheitert oder, eher noch, belästigt zu werden – *falls* es sich bei diesem Unsinn um etwas Höheres handelt!

Der Grund für eine solche Reaktion ist offensichtlich: Der Anfang des Johannes-Evangeliums bietet uns ein einziges Bild, das zugleich streng und voller Poesie ist. Es ist das Bild vom Wort, das Gott ist, der das Licht ist, das in der Finsternis leuchtet. Das Wesentliche an diesem Bild ist seine grandiose Einfachheit. Sie ist es, auf die es hier ankommt (obwohl es woanders vielleicht auf etwas anderes ankommt). Das Licht und die Finsternis sind nichts, was sich dekonstruieren ließe. Das Licht ist das *Licht, das in der Finsternis leuchtet,* und jede andere, konstruktive Sicht des Ganzen, jede Dialektik, die in das Licht und die Finsternis hineingetragen wird, verfälscht das Bild und damit dessen Bedeutung.

Aber was ist mit der Wendung, die besagt, dass die Finsternis das Licht nicht begreifen kann? Es ist wahr, der menschliche Geist strebt unbeirrbar danach, das Einfache *als* Einfaches zu begreifen, indem er es *abgrenzt.* Wollte man dieses Streben unseres Geistes mit einem Grundbegriff unseres Zeitalters ausdrücken, dann könnte man sagen: Unser Geist erfasst die Welt binär. Seine Grundeinheit ist nicht entweder die „1" oder die „0", sondern erst beide zusammen, die Eins und die Null, ergeben ein Ganzes, einen erkennbaren und daher sinnvoll benennbaren Gegenstand. Werden Gott oder die Gesellschaft gedanklich als Ganzes begriffen, das, richtig bedacht, seinem Wesen nach keine Außengrenze mehr hat, dann ist das so, als ob man noch während des Begreifens das Begriffene, „Gott" oder „die Gesellschaft", schon wieder durchstreichen wollte. Um es zu retten, muss man ihm quasi ein Außen von Innen her einbauen.

Woher kommt die Finsternis? Sie ist das notwendige Ergebnis davon, dass Gott, der alles ist, sich selbst denkt. Indem das Wort, das Licht ist, sich selbst denkt, setzt es sich sein eigenes Gegenteil, das Nicht-Wort, das das Wort nicht begreifen kann, gegenüber. Nur so kann sich der allumfassende Logos, Gottes Geist, seinerseits selbst be-

greifen. Aber das, was sich Gott in seiner Allumfassendheit gegen-
übersetzt, um sich selbst begreifen zu können, ist eben nicht mehr als
– nichts. Es ist eine Illusion, dazu ersonnen, um einem „Innen", dem
sich selbst reflektieren wollenden Geist Gottes, ein „Außen" zu verschaffen, damit sich ebendieser Geist selbst reflektieren, sich selbst
benennen und erkennen kann.

Die Illusion des Außen lässt in der Geistdialektik des Idealismus
aus nichts das Nichts werden. Und aus dem Nichts wird eine Bedingung der Möglichkeit von Etwas überhaupt. Die Bedingung der
Möglichkeit von Etwas überhaupt aber ist Gott. Doch Gott ist nicht
nichts, sondern alles. Gott ist der zugleich allumfassende und sich
selbst reflektierende Weltgeist, der, indem er alles umfasst und
dabei sich selbst reflektiert, aus sich selbst seine eigene absolute Ne-
gation, das Nichts – die Finsternis, in der das Licht leuchtet –, her-
vorbringt.

Das Ich (Gott) setzt das Nicht-Ich (Gott), heißt es bei Johann
Gottlieb Fichte. Dadurch wird das Nicht-Ich (Gott) zur Bedingung
der Möglichkeit des Ich (Gott). *Das alles ist Unsinn, freilich höherer
Unsinn,* geboren aus dem unabweisbaren Drang, das Ganze zu denken.

***

Es gibt eine Form des Soziologismus, in der sich der höhere Unsinn
Punkt für Punkt, spiegelbildlich genau, wiederfindet. Ihm zufolge ist
alles, was überhaupt gedacht werden kann, ein soziales Konstrukt. An
die Stelle Gottes ist die Gesellschaft getreten. Der Mensch kann sich
über das Soziale nicht erheben. Wo immer der Mensch als erkennen-
des Wesen hinkommt, und sei es mitten hinein in eine Marslandschaft, die noch nie zuvor ein menschliches Auge erblickte, ist dem
menschlichen Blick die Perspektive des Sozialen eingesenkt.

Um das Soziale an und für sich zu erkennen, bis hin zur Gesellschaft im Peter Fuchs'schen Sinne, muss die Theorie des Sozialen versuchen, das Soziale als die Bedingung seiner eigenen Möglichkeit zu
denken. Sie muss versuchen, mit den Mitteln der Konstruktion das
Soziale als das Nicht-Konstruierte zu denken, was bedeutet, *eine
Konstruktion des Nicht-Konstruierten zu entwickeln,* die „Gesellschaft,
durchgestrichen".

Das klingt wie eine Parodie des Versuchs, das Ganze zu denken.
Und doch wird hier das Wesen des radikalen soziologischen Konstruktivismus sichtbar. Vor dem paradoxen Hintergrund der Konstruktion des Nicht-Konstruierten, das heißt, der *Gesellschaft, durch-*

gestrichen, ist alles, was einfach da ist, als Illusion zu entlarven: als verdinglichtes oder verschleiertes Konstrukt, das sich den Anschein einer elementaren, begrifflich unschuldigen Tatsache gibt. Indem dieser Anschein entlarvt wird, wird die Einfachheitsillusion dekonstruiert. Demnach gibt es das Alles und das Nichts, nur kein Rückzugsgebiet vor dem Sozialen.

Alles löst sich ins Gesellschaftliche hinein auf, auch das Nichts, und weil alles Gesellschaftliche konstruktiv ist, unterliegt alles, was überhaupt zum Gegenstand der Erkenntnis werden kann, den Konstruktionsprinzipien der Gesellschaft, ihren Grundbegriffen, ihrer Art von Logik, ihren Dogmen. Diese jedoch sind über die Zeiten und Gesellschaften hinweg nicht stabil. Der Konstruktivist ist Relativist. Es gibt keine absolute Wahrheit. Es gibt keine objektiven Werte. Es gibt kein Jenseits des Gesellschaftlichen, weder im natürlichen noch im religiösen Sinne.

Und Gott? Nicht, dass es Gott nicht gäbe, ist die Behauptung des radikalen Konstruktivisten. Seine Behauptung lautet vielmehr, dass sowohl der existierende als auch der nicht existierende Gott ein Konstrukt sei. Insofern ist, auf der dekonstruktiven Reflexionshochebene, der eine wie der andere, der Gott des Theisten ebenso wie der Nicht-Gott des Atheisten, eine systemisch erzeugte Illusion. Denn keinem Gott, weder dem existierenden noch dem nicht existierenden, kann sinnvoll die Fähigkeit zugeschrieben werden, tatsächlich oder wenigstens der Möglichkeit nach aus sich selbst heraus zu existieren.

Jeder Versuch, Gott oder das Sein zu denken, endet in einer Paradoxie. Bei Martin Heidegger kommt das Sein so wenig ohne das Nichts aus, so sehr alle monotheistischen Theologien verkappt dualistisch sind. Denn von irgendwoher muss das Böse ja kommen, oder? Also muss eine Gegenmacht zum Guten gedacht werden. Und diese Gegenmacht wird, in verschleierter Form, dadurch gewonnen, dass man Gott sich selbst denken lässt. Dadurch hat es den Anschein, als ob Gott sich selbst von dem, was er nicht ist, abgrenzt und sich zugleich aus dem, was er nicht ist, als das Ganze, das er ist, konstituiert. Er denkt quasi die Grenze, die es nicht gibt, als seine eigene.

Das alles ist höherer Unsinn.

Der menschliche Geist ist aufgrund seiner binären Verfassung nicht in der Lage, das Ganze zu denken. Er ist außerstande, das Einfache, Absolute zu denken, nach dessen Begriff er sich verzehrt. Der höhere Unsinn ist das Ergebnis unseres unglücklichen Bewusstseins, dessen Einheit darin besteht, immer schon in sich – mit sich und durch sich – zerfallen zu sein.

Man versteht die Bedeutung des Eingangsbildes im Johannes-Evangelium nur, wenn man seine poetische Absicht versteht. Diese Absicht besteht darin, das Ganze, das Gott ist, als etwas Einfaches zu *veranschaulichen*. Das Bild, als Gegenstand der Anschauung, sagt: Da ist bloß Eines, nämlich das Licht, das in der Finsternis leuchtet, und da ist nicht noch etwas, wodurch dieses Eine, Einfache, bedingt oder begrenzt werden könnte.

An dieser Stelle zu fragen, wie sich die Finsternis zum Licht, das Nichts zu Gott verhalte, hieße, das Bild als Gegenstand der Anschauung zu zerstören, und damit das Bild als Bedeutungsganzes. Das Bild nämlich bedeutet uns kraft seiner Autorität, dass der Frage, wie sich die Finsternis zum Licht verhalte, die Rechtsgrundlage fehlt.

Im Johanneischen Bild *offenbart* sich uns das Wesen des Ganzen, das Gott ist, *während der Verstand glücklich kapituliert*. Der Verstand versteht immer nur 0 und 1. Er versteht nicht, wie Null und Eins in eins zusammenfallen können. Das aber ist das poetische Wesen Gottes. Gott als Ganzes ist ein Ungeteiltes, Unteilbares. Gott ist das Einfache, so, wie das *eine* Bild des Johannes 1,1–5, es uns zeigt:

Im Anfang war das Wort, und das Wort war bei Gott, und Gott war das Wort. Dasselbe war im Anfang bei Gott. Alle Dinge sind durch dasselbe gemacht, und ohne dasselbe ist nichts gemacht, was gemacht ist. In ihm war das Leben, und das Leben war das Licht der Menschen. Und das Licht leuchtet in der Finsternis, und die Finsternis hat's nicht begriffen.

5.
IN DEN VORHÖFEN

Menschen, die denken, machen sich Gedanken über ihr Leben. Aber auch Menschen, die nicht denken, machen sich Gedanken über ihr Leben. Sie machen sich die Gedanken anderer Menschen, könnte man sagen. Man könnte sagen, sie verwenden Gedankenklischees, um sich gedankenlos Gedanken über ihr eigenes Leben zu machen. Sie sagen zum Beispiel: „Worauf es ankommt, sind die einfachen Dinge des Lebens", und wenn sich die einfachen Dinge verwirren, dann sagen sie: „Warum einfach, wenn's auch kompliziert geht?" Sie sagen: „Wie man in den Wald hineinruft, so schallt's daraus zurück", und wenn nichts mehr daraus zurückschallt, fällt ihnen ein, woran es liegen mag: „Sterben müssen wir alle." Sie reden vom „Sinn des Lebens" und davon, dass es mehr Dinge zwischen Himmel und Erde gibt, als sich unsere Schulweisheit träumen lässt. Sie reden vom „lieben Gott", wobei sie sich in ihrer Not darüber beklagen, dass das Leben keinen Sinn mehr hat, während sie gleichzeitig darauf vertrauen, dass der liebe Gott nicht zulässt, dass das Leben keinen Sinn mehr hat.

Philosophen tun traditionellerweise gerne so, als ob Philosophieren etwas von den höheren Weihen des Geistes an sich hätte. Und hat es nicht genau das an sich? Steckt im Philosophen, der authentisch ist, nicht ein Verlangen nach Weisheit (um die *Liebe* zur Weisheit, die φιλοσοφία, „philosophía", erst gar nicht zu strapazieren)? Dem würde ich nicht widersprechen wollen, abgesehen davon, dass ich nicht weiß – oder wenn, dann nur sehr umrisshaft –, was das ist: Weisheit.

Ein Mensch, der weise ist, sollte anderen dabei behilflich sein können, auf die wesentlichen Fragen des Lebens eine Antwort zu finden. Das setzt der üblichen Auffassung gemäß voraus, dass man selber eine solche Antwort gefunden hat; und man sollte einen Weg kennen, um die Antwort zu finden. Jedenfalls aber muss man in der Lage sein, anderen bei der Suche nach dem – nach ihrem – Weg zu helfen.

Der üblichen Auffassung gemäß gibt es auf die wesentlichen Fragen des Lebens nicht bloß *eine* Antwort. Auch wenn in manchen Weisheitslehren von *dem* Weg die Rede ist, so ist der Weg doch meistens etwas, was mehr eine Technik und eine Richtung meint: „So solltest du in deiner Suche voranschreiten! Und dabei solltest du dieses beachten und jenes vermeiden!" Doch die Antwort auf die wesentlichen Fragen des Lebens muss dann jeder für sich selbst finden. Jeder hat seine eigene Antwort. Das hat damit zu tun, dass die wesentlichen Fragen des Lebens abzüglich dessen, der sie stellt, keinen rechten Sinn ergeben.

Und das ist auch der Grund, warum es Philosophen gibt, die meinen, dass die Rede von den wesentlichen Fragen des Lebens leeres Gerede ist. Diesen Philosophen zufolge erkundigt sich die Rede von den wesentlichen Fragen des Lebens nach etwas, was es gar nicht gibt. Es gibt, sagen sie, keine wesentlichen Fragen des Lebens, weil jeder für sich selbst erst herausfinden und festlegen muss, was für ihn persönlich die wesentlichen Fragen sind. Letzten Endes bleibt hier alles eine Frage individueller Vorlieben und subjektiv grundierter Entscheidungen. Das menschliche Leben an sich hingegen, als etwas Allgemeines, allgemein Bindendes, beinhaltet keine Fragen, die wesentlich wären; und daher kann es *darauf* auch keine Antworten geben.

Demzufolge ist die Frage nach dem Sinn des Lebens sinnlos. Es gibt keinen Sinn des Lebens, wenn damit gemeint sein sollte, dass jedes menschliche Leben vor eine allgemeine Wesensfrage gestellt wäre, die eine ebensolche Antwort erheischen würde. Nein, sagen die Kritiker, man muss die Frage richtig verstehen. Zur Frage nach dem Sinn des Lebens gehört – soll die Frage selbst einen Sinn haben – derjenige dazu, der sie stellt: Frage ich nach dem Sinn des Lebens, so frage ich damit notwendig und unhintergehbar nach dem Sinn *meines* Lebens. Einen anderen Sinn des Lebens als den des jeweils eigenen gibt es nicht. Und das wiederum bedeutet für den Weisen: Er kann keine Antwort auf die wesentlichen Fragen des Lebens geben; vielmehr muss er, indem er uns Weg und Richtung weist, uns dafür bereit machen, unsere eigene höchstpersönliche Antwort zu finden.

Ich denke nicht, dass diese Auffassung dem Wesen der Weisheit angemessen ist. Gewiss, sie trifft einen Teil des Problems. Denn das Verlangen nach Weisheit hat es tatsächlich *nicht* mit Problemen zu tun, die eine allgemeine Antwort zuließen. Das heißt aber keineswegs, dass es sich dabei bloß um „höchstpersönliche" Probleme handelte, deren Lösung immer nur für den von Bedeutung wäre, um dessen Probleme es sich jeweils handelt. Wäre die Frage nach dem Sinn des Lebens höchstpersönlich, sie wäre eine Frage des Geschmacks eher als der Erkenntnis, und die Antwort auf sie wäre für uns in jedem Fall ebenso unerheblich wie diejenige auf die Frage, ob ich Spinat mag und du womöglich keinen. Von der Beantwortung der Frage, ob ich Spinat mag, hängt nichts, aber auch gar nichts ab, was für uns alle von Bedeutung sein könnte, indem wir uns die wesentlichen Fragen des Lebens stellen.

Demgegenüber ist es für alle bedeutsam, ja, es ist für alle – um es pathetisch zu sagen – von geradezu existenzieller Bedeutung, wie ich, in höchstpersönlicher Einstellung und Atmosphäre, die Frage nach dem Sinn meines Lebens beantworte. Denn in meiner Antwort liegt dann notwendig zweierlei beschlossen: Erstens, es handelt sich für mich um den Sinn *meines* Lebens; und zweitens, es handelt sich für mich deshalb um den Sinn meines Lebens, weil ich glaube, dass es dabei um den Sinn des Lebens *überhaupt* geht. Ich setze also, indem ich antworte, voraus, dass sich in meinem Leben etwas Allgemeines verkörpert, eine Bedeutung, die gerade deswegen, weil sie *nicht* nur für mich von Bedeutung ist, meinem Leben erst einen Sinn *verleiht*.

Es gibt Menschen, die in aggressiver Abwehr sagen: „Also, was immer ihr davon halten mögt, für mich besteht der Sinn des Lebens darin, so viel Spaß wie möglich zu haben. Andere mögen ihr Leben allerlei guten Zwecken widmen, das ist nichts für mich. Ich will meinen Anteil an den Freuden dieser Welt, und das war's dann. Mehr ist da nicht, oder?" Schon die unsicher herausfordernde Frage am Schluss einer solchen Suada zeigt aber, dass da mehr ist. Nicht, dass der, der so redet, unbedingt Unrecht haben müsste mit Bezug darauf, was er den Sinn des Lebens – seines Lebens – nennt. Es ist viel eher die Einstellung, die er damit verbindet.

Seine Einstellung ist trotzig; sie besagt: „Das geht nur mich etwas an!" Er will damit zugleich sagen: „Was immer ihr von meinem Lebensstil haltet, es kümmert mich nicht, denn es hat *euch* nicht zu kümmern. Es handelt sich einzig und allein um meine Angelegenheit." Darin freilich liegt der Irrtum, wenn es sich um den Sinn des Lebens handeln soll, von dem hier die Rede ist. Die Replik: „Nein, nein, es handelt sich bloß um den Sinn *meines* Lebens", missversteht, dass *das* gar nicht zur Debatte steht. Redet jemand vom Sinn des Lebens, so kann er dies immer nur dadurch tun, dass er davon redet, wie sich ihm – in seinem Leben, unter dem Vorzeichen seiner Umstände – der Sinn des Lebens *darstellt:* als der Sinn *seines* Lebens.

Doch dass der, der so redet, in einer verständlichen Weise redet, setzt eben voraus, dass er im Sinn *seines* Lebens eine Verkörperung des Sinns *des* Lebens zu erkennen glaubt. Ich sage, zu erkennen glaubt. Denn der metaphysische Kern – und das Paradox – des Lebenssinnproblems besteht darin: Einerseits bleibt die Rede vom „Sinn *meines* Lebens" defekt, solange im Hintergrund nicht die unausdrückbare Limes-Vorstellung vom „Sinn *des* Lebens" mitschwingt; andererseits aber *bedeutet* die Entfaltung dieser unausdrückbaren Vorstellung, dass alle abstrakten Festlegungen, worin denn nun der Sinn meines Lebens, und damit mein Wesen, bestehe, von mir, dem wesensmäßig freien Wesen, notwendig als „reifizierend" – als mich verdinglichend – erfahren und abgewiesen werden müssen.

Mag sein, der Spaßritter hat Recht und da ist tatsächlich nicht mehr im Leben an Bedeutung als dies: die Menge an Spaß, die man sich abzwecken kann. Aber selbst wenn es so wäre, würde *seine* Auffassung vom Sinn seines Lebens dann *für uns alle* von Bedeutung sein! Denn er würde uns ja die paradoxe Wahrheit mitteilen wollen, dass seine Auffassung vom Sinn des Lebens, die er als *höchstpersönlich* deklariert, doch die *einzig sinnvolle* ist unter der Bedingung des objektiven Mangels an Sinn, den unser Leben aufweist, abgesehen vom Spaß, mit dem es viel zu vielen gegenüber viel zu oft geizt.

***

Quentin Tarantino führt uns in seinem Film *Kill Bill, Volume 2,* einen östlichen Weisen vor, der ebenso brillant wie lächerlich ist. Er spiegelt die lächerlichen Vorstellungen der Massenkultur wider, die von der „Weisheit des Ostens" fasziniert ist. Tarantinos Weiser namens Pai Mei ist ein Meister des Kung-Fu. Außerdem hat er eine Tötungstechnik erfunden, deren Aberwitz schon durch ihren Namen festgeschrieben wird: die „Fünf-Punkte-Pressur-Herzexplosions-Technik" *(Five Point Palm Exploding Heart Technique).* Zugleich ist Pai Mei abgrundtief engstirnig, rassistisch, sexistisch, ein dummer, aufgeblasener Wicht, der eine kindische Eitelkeit ausstrahlt, die nur noch durch die Lust, seine Schüler zu demütigen, übertroffen wird. Tatsächlich ist Pai Mei ein Meister der Kampfkunst. Aber daraus folgt bei ihm nichts, was seine Weisheit betrifft.

Pai Mei scheint zu glauben, dass er auf alle wesentlichen Fragen des Lebens eine Antwort parat hat. Oder genau genommen: Er vermittelt diesen Eindruck. Denn auf jede Frage weiß er eine Antwort. Entweder er antwortet nicht und streicht nur höhnisch seinen langen weißen Bart; oder er beschimpft den Fragesteller, der vielleicht japanisch, aber nur unzulänglich kantonesisch spricht. Oder seine Antwort ist ein Schlag, Sprung oder Griff; oder eine Kombination aus Schlag, Sprung oder Griff, deren jede, soviel ist sicher, jede Frage im Ansatz dadurch ersticken könnte, dass sie den Fragesteller augen-

blicklich tötet. Auf diese Weise wird in Tarantinos Film eine altehrwürdige Technik des Zen-Buddhismus karikiert.

Wenn der zen-buddhistische Meister dem Schüler mit dem Bam-
busstock einen Schlag auf den Kopf versetzt, dann deshalb, um seine
Gedanken zum Stillstand zu bringen. Es geht um die Herbeiführung
des mystischen Moments, in dem alle wesentlichen Fragen des Lebens *verschwinden*. Es geht um die Erfahrung des Absoluten, der
höchsten Sinnleere, die zugleich der höchste Sinn ist. Bei Pai Mei
hingegen ist ein Schlag auf den Kopf des Schülers nichts weiter als ein
Schlag auf den Kopf des Schülers. Aber weil der Schlag mit gleichsam
unendlicher Vollendung geführt wird, hat es den Anschein, als ob im
Äußeren des Schlags ein tief Inneres verborgen wäre: der Schmerz als
Weg, der, irgendwann, zur Erleuchtung führen mag.

Pai Mei verkörpert auf monströs-brillant-stupide Manier das
Grundproblem der Weisheit. Es besteht darin, dass sich der Sinn des
Lebens nicht ausdrücken lässt. Meine Geschichte gibt ja nur dann
Zeugnis vom Sinn meines Lebens, wenn sie den anderen *wesentlich*
mehr als bloß das Äußerliche meines Lebens vor Augen führt. Die
Menschen können ihr Leben erzählen. Und sie können erzählen, wie
sie den Sinn ihres Lebens gefunden haben. *Das ist nicht dasselbe.*

Beispielsweise hat eine Frau ab einem bestimmten Punkt ihr Leben
von Grund auf geändert. Dadurch, durch den Bruch mit dem Alten,
hat sie dann plötzlich alles, was war und ist, „in einem neuen Licht
gesehen". Ein Mann hingegen hat sein Leben genauso weitergelebt
wie bisher, aber, wie er sagt, nun ganz und gar bewusst. Dadurch,
durch diese neue Form der Bewusstheit im Tun der Dinge, die er
immer schon getan hat, hat er plötzlich alles, was war und ist, „in einem neuen Licht gesehen".

Von außen betrachtet erkennt man leicht den Unterschied. Ja,
nichts ist leichter als den Unterschied im Leben des Mannes und der
Frau zu erkennen. Aber ist man auch imstande zu erkennen, wodurch
in den unterschiedlichen biographischen Momenten der jeweiligen
Erzählung auf jenes absolute Moment Bezug genommen wird, das
wir den „Sinn des Lebens" nennen? Gewiss, im einen Fall gab es einen *Bruch mit dem Alten* und im anderen Fall gab es eine *neue Form
der Bewusstheit*. Aber weder die Frau noch der Mann kann sagen, wie
das jeweilige Schlüsselereignis der individuellen Selbstfindung, der
Bruch mit dem Alten einerseits und die neue Form der Bewusstheit
andererseits, zugleich den Sinn des Lebens verkörpern.

Gewiss, sie haben, jeder für sich, die Dinge in einem neuen Licht
gesehen ... So sagt man, wenn man nicht weiß, wie man's besser sa-

gen sollte. Es ist eine *façon de parler,* eine Redensart. Und welchen
Grund hätten wir, an dieser Stelle zu widersprechen? Wir wären nicht
in der Lage, es besser zu sagen. Aber heißt das nicht, dass wir im
Grunde keine Ahnung haben, wovon hier eigentlich die Rede ist?
Nein, das heißt es keineswegs. Wir wissen nämlich, dass von etwas
die Rede sein soll, worauf sich immer nur hindeuten lässt. Du er-
zählst dein Leben und du gibst uns dabei zu verstehen, dass es sich bei
deinem Leben, durch alle Banalitäten und Zufälle hindurch, um eine
Verkörperungsform von etwas handelt, was dir gestattet, die Dinge in
einem neuen Licht zu sehen, weil es von strenger Allgemeingültigkeit
ist. (Das „neue" Sehen soll ja das nun definitiv richtige sein.)

Und weil du es nicht besser kannst und weil „man" es so macht,
gibst du uns diesen dir wesentlichen Punkt dadurch zu verstehen,
dass du dich einer Redensart bedienst. Das ist eine Gedankenlosigkeit
nur insofern, als ihr etwas Rituelles anhaftet. Redensarten sind All-
tagsrituale, zugeschnitten auf die einfachen Dinge des Lebens, deren
Einfachheit sich durch das Quantum an Metaphysik bestimmt, das
sie verkörpern. Er ist das Absolute im Wandelbaren, Zufälligen, Be-
dingten – „Kontingenten" –, worauf es ankommt, und eben dieses
Moment des Absoluten ist unausdrückbar: Plötzlich sieht man alles,
was war und ist, in einem neuen Licht.

*Doch weil man alles, was war und ist, in einem neuen Licht sieht, ist
es von außen gesehen so, als ob im Wesentlichen nichts passiert wäre: als
ob alles so weiterginge oder geblieben wäre wie vorher, auch wenn – na
und? warum nicht? kann ja vorkommen! – der Lauf der Dinge eine radikal andere Richtung genommen haben sollte.*

Und von innen her gesehen?

Ich habe mein ganzes Leben lang philosophiert, jedenfalls habe ich
etwas getan, was gewöhnlich als „philosophieren" bezeichnet wird
(obwohl zur Philosophie eine Höhe-und-Tiefe gehört, die nur den
Auserwählten, also nicht mir, vorbehalten ist). Und nun lässt sich
aber das Grundgefühl, das sich im Laufe der Jahre bei mir einstellte,
ganz und gar nicht durch die Behauptung charakterisieren, ich sei auf
meinem Weg weiser geworden. Es ist viel eher das Gefühl einer Be-
schämung. Denn schon der Gedanke, dass das Philosophieren eine
Art von Weg sei – ein möglicher Weg zur Weisheit –, kommt mir lächerlich vor.

Am schlimmsten ist es, wenn ich jungen Menschen begegne oder
alten Narren, auch Närrinnen, die mich ein wenig so anschauen und
behandeln, als ob sie mich wirklich für fähig hielten, über ein höheres
Wissen zu verfügen. Obwohl ich guten Gewissens sagen darf, dass ich

niemals den Eindruck zu erwecken suchte, meine Art, mir den Kopf zu zerbrechen, sei imstande, irgendjemandem den Weg zu weisen, nämlich den Weg zur Beantwortung der wesentlichen Fragen seines Lebens – und damit zum Sinn des Lebens selbst –, bin ich doch in gewisser Weise schuldig. Denn ich habe mich nicht immer deutlich genug dazu bekannt, bloß in den Vorhöfen der Philosophie beheimatet zu sein.

Nicht, dass ich jemals von mir behauptet hätte, ein Philosoph zu sein, außer in wohlabgezirkelt akademischer Berufsmanier. Alles andere wäre mir als unerträgliche Anmaßung erschienen. Meiner Auffassung nach sollte der wahre, authentische Philosoph einer sein, der über ein gerüttelt Maß an Weisheit verfügt. Das meint das Wort „Philosophie". In diesem Wort steckt ein hoher Anspruch. Wer dennoch vorgibt zu philosophieren und dabei aber den Anspruch der Philosophie nicht erfüllt, ist entweder ein Scharlatan oder ein Wichtigtuer, der sich aufplustert.

Ich wandle nicht auf den Spuren des Sokrates. Die Flügel der Eule der Minerva, die in der Dämmerung ihren Flug beginnt, haben mich nicht gestreift. Und wenn ich doch, in dem einen oder anderen Moment, auf den Spuren des Sokrates gewandelt wäre und mich die Flügel der Eule der Minerva umfangen und hochgehoben hätten, dann freilich, ohne dass ich berechtigt wäre, mich darauf zu berufen. Denn ehrlich gesagt: Ich weiß nichts davon.

Aber hast du nicht gesagt, du hättest dein ganzes Leben lang philosophiert?

Ja, in den Vorhöfen ...

Was heißt, in den Vorhöfen?

Ich war mir, glaube ich, immerfort dessen bewusst, dass unser Leben an uns Fragen unterschiedlicher Natur stellt, dass manche Fragen für unser Leben wesentlicher sind als andere – und dass aber manche Fragen für unser Leben *wesentlich* sind. Nicht wesentlicher, sondern wesentlich. Keine Steigerungsform, auch keine Relativierung mehr. Und dabei meine ich nicht „wesentlich" im Sinne von „wesentlich für unser Überleben". Für unser Überleben mag es wesentlich sein, dass wir wissen, wie man seinen Acker bestellt oder wie viel zwei mal zwei ist. Nein, ich meine, wesentlich für unser Leben, ohne dass sich noch fragen ließe: „Wesentlich mit Bezug auf welchen Aspekt deines Lebens?" Derart ist die Frage nach Gott wesentlich, ich möchte sagen: wesentlich für unser Leben *an sich*, obwohl sie auch für unser Überleben wesentlich sein mag. Und deshalb ist diese Frage nicht bloß wesentlicher, sondern gleichsam *unendlich wesentlicher* als die Frage nach unseren persönlichen Interessen, obwohl deren Befriedigung für das Gefühl, unser Leben sei sinnvoll, nicht unwesentlich ist.

Der Weise, so will ich annehmen, kennt die Antwort auf die Fragen, die für unser Leben wesentlich sind. Er kennt sie nicht so, dass er sie in einem Anleitungsbuch zur Beantwortung wesentlicher Fragen darlegen könnte. Niemand kann das. Das Absolute ist unausdrückbar. Aber er kennt sie, und deshalb, so will ich annehmen, spricht er mit einer unübertrefflichen Autorität. Ich hingegen kenne die Antwort nicht oder glaube jedenfalls nicht, sie zu kennen. Trotzdem kenne ich die Fragen. Ich kenne sie sozusagen in- und auswendig. Ich kenne sie im Schlaf.

In den Vorhöfen zur Weisheit philosophiert derjenige, der zwar weiß, dass es die Fragen sind, die alle authentische Philosophie, φιλοσοφία, anspornen. Das Verlangen nach Weisheit ist das Verlangen nach einer Antwort auf die philosophischen Fragen des Lebens (die oft nicht identisch sind mit den Fragen im philosophischen Seminar). Aber derjenige, der zugleich weiß, dass er auf diese Fragen nichts aus der Weisheit Geborenes zu sagen hat, obwohl er letzten Endes nur um der Weisheit wegen philosophiert – der ist es, der sich in den Vorhöfen herumtreibt, wie immer sie benannt sein mögen, ob Erkenntnistheorie, Ethik, Ontologie oder Metaphysik.

***

Wir, die wir die Antwort auf die Fragen, die für das Leben wesentlich sind, nicht kennen, weil es uns an Weisheit gebricht, sind dennoch nicht völlig orientierungslos. Wir wissen, dass es auf die einfachen Dinge des Lebens ankommt. Denn welchen Grund hätten wir, daran zu zweifeln? In den einfachen Dingen des Lebens liegt eine Lösung, die wir immerfort bereden, sofern wir überhaupt über die *Dinge des Lebens* reden, das heißt so, wie aus den Dingen die wesentlichen Fragen zu uns sprechen – meistens als staubige Klischees, selten auch als reine Poesie.

Aber meistens als Klischees: *Ja, worauf es ankommt, sind die einfachen Dinge des Lebens. Das ist so sicher wie der Tod. Sterben müssen wir alle. Das hat der liebe Gott so eingerichtet, der es auch so eingerichtet hat, dass unser Leben einen Sinn hat. Wir müssen uns nur bemühen, ihn zu finden. Dazu müssen wir ein anständiges Leben führen. Wir müssen glauben und hoffen und lieben. Vor allem lieben, denn die Liebe ist das Größte. Sie trägt die Hoffnung und den Glauben. Das sind die einfachen*

Dinge des Lebens. Ihnen müssen wir treu bleiben, dann kann uns nichts passieren, auch wenn das Schlimmste passiert. Wer so redet, der hat sich – wie ich sagen möchte, ohne mich zu distanzieren – im Niederphilosophischen eingerichtet. Wer so redet, der hat es aufgegeben, den hohen Ton der Philosophie zu halten. Kein hohes C der Ideen mehr, keine Gedankenbrillanz, keine Argumentationsakrobatik! Stattdessen: „der liebe Gott", „das anständige Leben". Das sind Redensartlichkeiten, die umso wahrer zu werden scheinen, je öfter sie wiederholt werden. Denn in ihrem Hintergrund rumort noch immer das große Donnern der Geschichte nach den Blitzschlägen der Offenbarung, nach den Worten des Ersten Korinthers, 13,13: „Für jetzt bleiben Glaube, Liebe, Hoffnung, diese drei; doch am größten unter ihnen ist die Liebe." In der abgesenkten Wiederholung der Offenbarungspoesie lebt ein Nachhall von etwas fort, woran unser Leben nicht mehr heranreicht, und das des Philosophen in seinem Journal der letzten Dinge schon gar nicht.

In der Wiederholung, die kaum als solche ins Gedächtnis tritt – und worin der schrecklich herrliche Gott Israels, der Namenlose in seinem Heiligtum, dessen Anblick du nicht erträgst, sich zum „lieben Gott" verhäuslicht hat –, dauert dennoch etwas fort und fort, weswegen sich ganze Priesterkasten aufrichten, um die Welt ebenso zu bereichern wie zu tyrannisieren. Es dauert fort die *Präsenz* des Absoluten, wenn auch unkenntlich für jene, die bei derlei Dingen an Kathedralen, Orgelgebraus, Hochämter und die Gottesbeweise des Thomas von Aquin denken.

Wer sich im Niederphilosophischen eingerichtet hat, ist religiös einer, der mit dem Alltagsliturgischen sein Auslangen findet – und finden muss. Ich will nicht sagen, dass ich mittlerweile dort angelangt bin; aber mir scheint, dass ich mich mit zunehmendem Alter darauf zu bewege. Denn mit zunehmendem Alter wird mir ein Satz immer einleuchtender, den ich einmal bei Patrick White gefunden habe, dem heute zuwenig gelesenen Nobelpreisträger von 1973, und zwar in seinem wunderbaren Buch über die Brüder Arthur und Waldo Brown, betitelt *The Solid Mandala:*

Or rather he must withdraw his mind from his mind's mirror.[7]

In den tausendfältigen Widerspiegelungen, „Reflexionen", des sich philosophisch ambitionierenden Geistes bleibt immer weniger von jener Art von Substanz zurück, deretwegen das Verlangen nach Weisheit entbrannte. Ich habe das Wort „Gott" in reflektierender Absicht unzählige Male niedergeschrieben. Aber wenn ich mich heute daran zu erinnern versuche, was das Ergebnis meiner hingebungsvollen Be-

mühungen war, sich dieses Wort, dieses Prägstück meines Geistes –
und Herzens –, in meinem Geist glücklich spiegeln zu lassen, sodass
ich es begreifen könnte wie mein Gesicht im Spiegel: Dann bleibt da
vor allem ein Gefühl des Schwindels und (ich sagte es schon) der Be-
schämung.

Nicht, dass ich davon überzeugt wäre, ich hätte nichts zur Klärung
unseres Verständnisses der ersten und letzten Dinge beigetragen.
Nein, ich denke, ich habe etwas beigetragen, wie gering, wie eintags-
fliegenartig mein Beitrag auch sein mag. Doch alles, was ich beitrug,
war ein Werk der Vorhöfe, in denen rundum die Spiegel stehen,
worin der Geist, der sich danach verzehrt, dahinter sehen zu dürfen, sich immerfort bloß selbst bespiegelt. Und so ist das alles wertlos – gleichsam unendlich wertlos –, gemessen an dem Verlangen
nach Weisheit, dem es einzig um Begriff und Schau des Absoluten
geht.

Immerhin, mir kommt heute vor, ich verstehe einen bestimmten
Typ des Weisen besser, als ich es in jungen Jahren tat. Das ist jener
Typ, der sich mit der Welt des Niederphilosophischen und Alltagsliturgischen zufrieden gibt, nachdem er bemerken musste, dass er nicht
zum Mystiker, sondern bloß zum Philosophen taugt. Dieser Typ des
Weisen gibt sich damit zufrieden, *die Weisheit des Alltags zu kultivieren*. Sein Abstand zu jenem Menschen reinen Herzens, der die einfachen Dinge des Lebens liebt, ist dennoch eklatant: Den Weisen, von
dem ich rede, *verlangt* es nach den einfachen Dingen des Lebens; er
will sie lieben, weil ihm die höchste Form der Liebe, der Hoffnung
und des Glaubens versagt blieb. Aber weder kann er sein Verlangen
stillen, noch seine Liebe vollenden.

Und seien wir nur nicht sentimental: Offen bleibt, ob es sich bei
einem solcherart Verlangenden nicht doch um einen Narren handelt,
der zuerst über seine Verhältnisse dachte und anschließend über seine
Verhältnisse leben möchte. Ob da nicht einer zu einer Form des
Menschlichen strebt, über der er unglücklich kreist, ohne mit all der
heißen Begriffsluft, die sich in seinem Gehirn angesammelt hat, nach
unten abtauchen zu können. Denn die Tiefe, in die er jetzt hinunter-
strebt, ist eben jene, vor der ihm einst graute, als er noch ein junger
Mensch war.

Dem jungen Menschen erschien der Alltag des Lebens als ein Gefängnis, während doch überhell sichtbar am Horizont das Licht des
Geistes – das *Licht nach draußen* – zu leuchten schien. Es schien hinter den Horizont zu leuchten. Doch beim Näherkommen verwan-
delte sich das Leuchten zusehends in ein eitles, selbstgefälliges Glän-

zen – ein Glänzen, das sich am Ende selbst beglänzte, ein tiefenloser Unendlichreflex des sich im unglücklichen Grunde selbst bespiegeln-den Geistes. *The mind's mirror,* das war es, was blieb, eine Fata Mor-gana des Absoluten.

TEIL II
DAS KANN DOCH NICHT ALLES GEWESEN SEIN!

6.

EIN PLATZ ZUM ANHALTEN

Er hasst die sogenannten anständigen Bürger, besonders die, die sich selbst so nennen, lauter Faschisten! Doch er empfindet tiefe Sympathie für die, wie er gerne sagt, einfachen Leute. Aber es gibt keine einfachen Leute, wird ihm erwidert, nur Kleineleutefaschisten. So, wie es keine einfachen Dinge gibt, nur rutschige Böden, Blutergüsse, Ohrensausen, Augenflimmern, Herzrhythmusstörungen und Oberschenkelhalsbrüche. Ja, das gibt es: Oberschenkelhalsbruchsdinge!

Und doch: Er empfindet diese tiefe Sympathie für Leute und Dinge, die es nicht gibt – einfache Leute und einfache Dinge. Und er glaubt zu wissen, dass es am Ende nur sie sind, auf die es im Leben ankommt. Fragt man ihn, woher er das zu wissen glaube, so fällt ihm gleich ein Zitat ein. Es stammt aus einem populären Buch, das er mit Vergnügen gelesen hat, The Good Guy, *von Dean Koontz. Das Zitat lautet:*

„‚That's what it's all about,' Rooney said. ‚A wife, kids, a place you can hold fast to while the rest of the world spins apart.'"

***

„Er liebte die einfachen Dinge des Lebens." Das ein typischer Satz, wie er in einer typischen Begräbnisrede vorkommen mag. Man versteht genau, was gemeint ist, indem man nur ungefähr versteht, was gemeint ist. Und das reicht hier und jetzt, im rituellen Zusammenhang der Trauergemeinde, um hinreichend zu verstehen: Da wird einem die letzte Ehre erwiesen, der nicht hoch hinaus wollte; einem, der eher sinnlich und besinnlich als intellektuell war; der am Erfolg vor allem schätzte, dass es erlaubte, die bodenständigen Freuden zu genießen: Familienleben, Kinder, Geselligkeit unter Freunden, Reisen ohne Gipfelstürmerehrgeiz.

Wer die einfachen Dinge des Lebens liebt, wird weder Kriege führen noch zum Mars fliegen noch die Welt retten wollen. Er wird, ohne sonderlich aufzufallen, so glücklich wie möglich leben und dabei so wenig wie möglich anderen schaden wollen ...

An dieser Stelle könnte sich die spröde Frage erheben (wenn auch nicht akkurat beim Begräbnis, unter dem Vorzeichen der Pietät): Was hat die Liebe zu den einfachen Dingen damit zu tun, dass man anderen so wenig wie möglich schaden will? Warum sollte es hier einen mehr als äußerlichen Zusammenhang geben? Und die Antwort (die vom Trauerredner stillschweigend vorausgesetzt wird) hätte zu lauten: Wem es egal ist, ob er im Verfolg des eigenen Glücks anderen Schaden zufügt, von dem werden wir vielleicht zu Recht sagen dürfen, dass er sich nichts aus Luxus oder den sogenannten höheren Gütern, den Bildungs- und Kunstgütern, macht, aber wir werden nicht sagen können, er *liebe* die einfachen Dinge des Lebens.

Das Wort „einfach" unterhält einen intimen Bezug zur Liebe, die jemand den „Dingen des Lebens" entgegenbringt: Wer sich einen Dreck darum schert, ob er, indem er sein Leben lebt, andere daran hindert, das ihre zu leben, versucht erst gar nicht, jenem Lebensstil gerecht zu werden, für den die eingebürgerte Wendung steht: „Er liebt die einfachen Dinge des Lebens." Denn so einer liebt nicht die Dinge des Lebens, ob einfach oder kompliziert, sondern in erster Linie sich selbst. Die einfachen Dinge des Lebens lassen sich demnach nur *umsichtig* lieben. Man muss, indem man nach ihnen strebt, sich nach den anderen umsehen; man muss darauf achten, dass man den anderen nicht aus bloßem Eigennutz schadet.

Man könnte sagen: Das eben gehört zur Logik des Umstandes dazu, dass man die einfachen Dinge des Lebens liebt. Mit einem solchen Leben geht dann auch der Umstand einher, dass man nicht zu den Mächtigen, den oberen Zehntausend, den Reichen und Superreichen gehört. Von einem arabischen Ölscheich, der seine Zuchtpferde auf den großen Rennstrecken der Welt zum Sieg führt, wird man möglicherweise viel Bewundernswertes sagen wollen, aber gewiss nicht, dass er die einfachen Dinge des Lebens liebt. Wie überhaupt ab einer gewissen Höhenlage der gesellschaftlichen Existenz die Liebe zu den einfachen Dingen höchstens als eine Form des Snobismus in Erscheinung tritt: Man lässt sich von den prominentesten Haubenköchen in den teuersten Hotels etwas „ganz Schlichtes" zubereiten, „Hausmannskost" – vielleicht etwas Nostalgisches, das an die eigene Jugend in bescheidenen Verhältnissen erinnert, beispielsweise Innereien wie Beuschel oder Kuttelfleck.

Die einfachen Dinge des Lebens zu lieben, nach ihnen zu streben, sie zu pflegen und, soweit es geht, an ihnen festzuhalten, bis Alter und Krankheit noch die einfachsten unter den einfachen Dingen beschwerlich oder sogar gleichgültig werden lassen – das ist also mehr als ein „way of life", ein Lebensstil: Es ist das Streben nach einer Form des guten Lebens. Ja, man kann zu Recht fragen, ob es sich dabei nicht um *die* Form des Lebens handelt, die allein es verdient, als *das* gute Leben bezeichnet zu werden.

Wenn ein Trauerredner die Liebe zu den einfachen Dingen des Lebens herausstreicht, die Liebe, die für das Leben des Dahingeschiedenen bestimmend war, dann will er im Allgemeinen nicht bloß dessen Liebenswürdigkeit herausstreichen. Er will darüber hinaus sagen, dass der Verstorbene ein guter Mensch war. Das heißt aber nicht, dass er ein guter Mensch in dem Sinne gewesen sein müsste, *dass er besonders danach gestrebt hätte,* ein guter Mensch zu sein.

Ein guter Mensch im Sinne des besonderen Strebens war, zum Beispiel, Agnes Gonxha („Blütenknospe") Bojaxhiu aus Skopje, 1910 bis 1997, besser bekannt unter dem Namen Mutter Teresa, römisch-katholische Ordensschwester, Friedensnobelpreisträgerin, im Jahre 2003 selig gesprochen. Sie stellte ihr Leben in den Dienst der Ärmsten der Armen, der Leprakranken in den Slums von Kalkutta. Man darf wohl sagen, dass Mutter Teresa ohne Eitelkeit danach strebte, ein guter Mensch zu sein oder, besser vielleicht – angesichts der Höhe des Ideals –, einer zu werden. Das nötigt uns Lauen, Mittelmäßigen, hohen und höchsten Respekt ab. Wir würden keine Sekunde zögern, im Leben der Mutter Teresa ein Modell des guten Lebens verwirklicht zu sehen, das sich auf dem Niveau des Menschenmöglichen bewegt.

Doch wir werden nicht sagen, und nicht sagen dürfen, dass Mutter Teresa die einfachen Dinge des Lebens liebte. So etwas wäre unpassend. Es wäre so, als ob wir nicht verstanden hätten, dass in Armut mit den Armen solidarisch zu leben etwas *anderes* ist, als nach den einfachen Dingen des Lebens zu streben, um dieses Streben bewusst und, mehr noch, unbewusst als eine Form des Lebens zu kultivieren. Warum ist das so? Eben deshalb, weil derjenige, der nach den einfachen Dingen des Lebens strebt, nicht sonderlich strebt. Er ist kein Tugenddurchglühter. Im besten Fall lässt sich sagen, er kultiviere eine *sorgsame Form des Nichtstrebens.*

Man kann ein einfaches Leben führen und man kann das einfache Leben in einfachsten Verhältnissen führen, wie der wohltätige Mensch, der sich der Nächstenliebe hingibt, oder der Eremit, der sich dem Lobpreis Gottes verschrieben hat. Dennoch sind die Ideale, die hinter solchen nach außen hin einfachen Lebensformen stehen, alles andere als „einfach". Mutter Teresa sehnte sich nicht nach den einfachen Dingen des Lebens. Sie sehnte sich sowenig danach, wie sie sich nach dem Luxus sehnte. Vielmehr verzehrte sie sich – wir lassen die kritischen Stimmen beiseite, nehmen Mutter Teresa als Typus[8] –

nach einem gottgefälligen Leben im Dienste anderer. Und dieses Ideal ist ein hohes Tugendideal, das aus der Sehnsucht nach dem Absoluten entspringt. Seine Einlösung erfordert größten persönlichen Einsatz und die bedingungslose Bereitschaft, persönliche Bedürfnisse hintanzustellen.

Freilich fordert ein solches Ideal, von den Bedürfnissen des Leibes einmal abgesehen, unter Umständen auch einen hohen spirituellen Preis. Mutter Teresa verlor – das wissen wir erst, seitdem die Briefe an ihre Beichtväter veröffentlicht wurden – angesichts des unverschuldeten Elends, der Armut, Krankheit und Ungerechtigkeit, die ihren Gesichts-, ihren Weltumkreis prägten, den Glauben an den einen gütigen Gott, dem sie ihr Leben geweiht hatte.

Mit dem Ideal, das der Populärschriftsteller Dean Koontz seinem Barbesitzer Liam Rooney in den Mund legt, hat der religiöse Wille zu möglichst großer Einfachheit des persönlichen Lebens wenig zu tun: „Das ist es, worauf es ankommt: eine Frau, Kinder, und ein Platz zum Anhalten, während die Welt auseinanderfliegt." Dennoch: Wer die einfachen Dinge des Lebens liebt und wer diese seine Liebe zu den einfachen Dingen kultiviert, der – so mutmaßen wir – verkörpert im Falle des Gelingens, ja des Halbwegsgelingens, halbwegs eine Form des guten Lebens.

Und wir fragen uns, ob diese Form der Verkörperung, nun aber nicht halbwegs, sondern vollendet gedacht, zugleich *die* Form des guten Lebens verkörpert, die exemplarische: jene, auf die es am ehesten ankommt, wenn vom guten Leben *in einer ethisch belangvollen Weise* die Rede sein soll.

Und Mutter Teresa? War ihr Leben etwa nicht exemplarisch? Ja und nein.

Es gibt nicht bloß *eine* Form des moralisch untadeligen, vorzüglichen Lebens. Das ist, möchte man glauben, so selbstverständlich, dass es kaum der Erwähnung bedarf. Menschen, die sich um ein tugendhaftes Leben bemühen, in welcher Funktion auch immer, verhalten sich derart, dass sie unsere Achtung verdienen und uns nicht selten als Vorbilder dienen, denen wir nacheifern sollten. Doch es ist nicht ohne Weiteres gesagt, dass der tugendhafte Mensch uns schon eine *allgemeine* Idee vom guten Leben vermittelt – eine Idee, der alle gleichermaßen nacheifern *sollten*: ein Modell des guten Lebens.

Das mag auf den ersten Blick seltsam klingen. Sagten wir nicht vorhin, dass wir keine Sekunde zögern würden, im tugendhaften Wirken der Mutter Teresa ein Modell des guten Lebens zu sehen? Das sagten wir und meinten aber, genauer betrachtet: ein Modell des guten Lebens *im schlechten*. Darüber hinaus müssen wir unsere Sinne für den Unterschied zwischen dem, was in einem – wie soll man sagen? – hochleistungsmoralischen Sinne bewundernswert ist, und all jenem schärfen, wodurch sich das gute Leben im Allgemeinen, *als durchschnittsmenschliches Ideal,* auszeichnet. So also könnte man sagen: Mutter Teresa verkörperte ein hochleistungsmoralisches Modell des guten Lebens im schlechten. Und zu fragen wäre nun, ob dieses Modell verallgemeinerbar, das heißt, für uns alle ethisch verbindlich sei.

Ein anderes Extremfeld des tugendhaften Handelns ist das Schlachtfeld. Betrachten wir jenen Soldaten im Kampfeinsatz, der von seinen Kameraden als ein rühmenswertes Vorbild an Treue, Besonnenheit und Tapferkeit hochgeschätzt wird und der es in der Aktion gegen den Feind bei aller Entschlossenheit nicht an „Menschlichkeit" fehlen lässt (falls dieses pathetische Wort im Rahmen moderner Kriegstechnik überhaupt eine nachvollziehbare Bedeutung hat): Obwohl wir die moralische Qualität des derart Ausgezeichneten nicht in Zweifel ziehen werden – nicht einmal dann, wenn wir Pazifisten und dabei aber in unserem Urteil gerecht sind –, käme es uns dennoch absurd vor, ihm gleichzeitig bescheinigen zu wollen, er verkörpere ein Modell des guten Lebens. Das käme uns absurd vor, weil und insofern wir mit dem Ideal des guten Lebens die Idee verbinden, *dass möglichst alle so leben können sollten.* So wie der tugendhafte Soldat sollten indessen *nicht* alle leben; sie sollten so nicht leben *müssen.* Denn, um es mit einem geflügelten Satz Theodor W. Adornos zu sagen: Es gibt kein wahres Leben im falschen.

Doch wir brauchen Adorno eigentlich nicht zu bemühen. Wir wissen ohne hochphilosophische Begleitmusik – das eben gehört zum Alltagswissen um die einfachen Dinge des Lebens mit dazu –, dass der Soldat Tugenden verkörpert, die in außergewöhnlichen Situationen erst klarwerden lassen, ob ein Mensch zuinnerst, in der Substanz seiner Persönlichkeit, „etwas taugt". Entschlossenheit, Mut, Treue zu den eigenen Kameraden und Achtung für den achtenswerten Feind: Das alles zusammen macht das Tugendprofil eines solchen Menschen aus. Aber es heißt nicht umsonst im Vaterunser: „Und führe uns nicht in Versuchung ..."

Denn obwohl einige der Tugenden des Soldaten im Kampfeinsatz auch für das normale Leben von Bedeutung sind, so sind es doch andere nur in dem Sinne, dass sie uns *die Richtung weisen,* in der wir uns auch unter friedlichen, unspektakulären Lebensumständen zueinander verhalten sollten. Tapferkeit ist eine Tugend, die man nicht nur angesichts des Krieges an den Tag legen sollte, sondern in allen Situationen, in denen man bedroht wird, sei es durch eine Kündigung am Arbeitsplatz, sei es durch den Tod im eigenen Bett. Großmut sollte man nicht nur walten lassen, indem man das Leben des bereits unterlegenen Feindes verschont, sondern auch, wenn es darum geht, reuigen Menschen zu verzeihen, die einen treulos oder sonst wie schändlich behandelt haben. Dennoch sind Tapferkeit und Großmut *im Kampfeinsatz* spezifisch militärische Tugenden, die sich nicht ohne Wenn und Aber, ohne moralisch erhebliche Einschränkungen, auf das Leben im Frieden übertragen lassen. Einer, der sich im Frieden verhalten wollte, als wäre sein Leben jederzeit akut bedroht – man denke an den Amokläufer in Joel Schumachers Film *Falling Down* (1993) –, hätte das Recht verwirkt, als freier Mann zu leben.

Was lernen wir daraus? Dass der Begriff des guten Lebens immer nur unangemessen verstanden wird, solange wir das Leben des Einzelnen allein vom Standpunkt seiner persönlichen Tugendhaftigkeit aus beurteilen; solange wir es also nicht ausdrücklich mit seiner Umgebung in Verbindung bringen. Man kann in einer bösen Welt gut sein, aber man kann in einer bösen Welt nicht *das* gute Leben – oder besser: ein Modell des guten Lebens – verkörpern.

Wenn wir dennoch sagen, dass das Wirken Mutter Teresas ein solches Modell verkörperte, dann meinen wir damit etwa Folgendes: Mutter Teresa handelte tugendhaft in einer Art und Weise, die nicht nur sie, als Einzelperson, gut sein ließ, ohne dass dies für uns, die wir nicht in den Slums von Kalkutta, sondern in Zentraleuropa leben, irgendeine Bedeutung hätte. Im Gegenteil: Mutter Teresa gab uns durch ihr Wirken ein Beispiel! Daran kann kein Zweifel bestehen.

Wohl aber darf mit guten Gründen bezweifelt werden, dass die Forderung gerechtfertigt wäre, wir alle sollten in die Elendsgebiete der Welt fahren, um dort unser Leben ganz den Armen zu widmen. Denn eine solche Forderung wäre weder praktikabel, noch auch hätte sie im Falle ihrer Praktikabilität Folgen, die uns als wünschenswert erscheinen würden. Wären wir nämlich, typisierend gesprochen, alle wie Mutter Teresa, dann hätte unsere Gesellschaft keine Chance zu überleben. Es ist nicht zynisch, sondern ein Zeichen menschlicher Reife, wenn man erkennt: Zuviel Tugend macht arm, verhindert das Aufblühen der menschlichen Kultur, zerstört den Wohlstand.

Das sehen wir überall dort, wo ein Volk unter der Knebelung und Knute von Tugendterroristen, ob religiös oder atheistisch, zu leiden hat. Niemand scheint sich dann noch um all jene menschlichen, allzu menschlichen Angelegenheiten zu kümmern, die eine Gesellschaft benötigt, damit der Einzelne in ihr frei und ohne physische Not leben kann. Dazu gehört nicht nur ein funktionierendes System aus Grund- und Freiheitsrechten, deren Bestand und Sicherung einzig der Staat zu garantieren vermag. Dazu gehören außerdem jene ganz und gar begrenzten „Tugenden" der Ökonomie, ohne die kein massenhafter Wohlstand möglich wäre: Eigennutz, Ehrgeiz, Gewinnstreben ...

Dass wir uns an Mutter Teresa ein Beispiel nehmen sollten, bedeutet also keineswegs, wir sollten alle allezeit danach streben, möglichst „einfach" zu leben: arm; im ständigen Kampf gegen Hunger, Durst und Obdachlosigkeit; in dauernder Sorge um die Möglichkeit, am nächsten Tag noch unsere fundamentalen Bedürfnisse befriedigen zu können. Nein, dass wir uns an Menschen wie Mutter Teresa – immer als Typus, niemals bloß als der historisch belegbare Mensch verstanden – ein Beispiel nehmen sollten, heißt, dass wir in unseren Tagesgeschäften beachten sollten, dass es Menschen gibt, die unsere Hilfe benötigen und unsere liebevolle Zuwendung. Es heißt, dass wir nicht in unseren Tagesgeschäften aufgehen, sondern im Rahmen unserer Möglichkeiten, innerhalb der gebilligten Maßstäbe des uns Zumutbaren, bereit sein sollten, uns um unsere Nächsten, aber auch um uns Fernerstehende zu bemühen.

Ungefähr das gleiche meinen Christen, wenn sie sagen, man solle Jesus nacheifern. Wörtlich genommen kann das niemand. Und wörtlich genommen sollte das niemand tun! Denn sich Jesus angleichen zu wollen wäre eine gotteslästerliche Vermessenheit, der sündige Hochmut, der in dem Wunsch des Menschen gipfelt, so sein zu wollen wie Gott. Umgekehrt kann von Jesus nicht unmissverständlich gesagt werden, dass sein Leben eine Verkörperung des guten Lebens gewesen sei. Wer nämlich so über Jesus zu reden für richtig hielte, der würde die Kategorien des guten Lebens und der Tugendhaftigkeit durcheinanderbringen, miteinander verwechseln und überblenden. Es ist die Tugendhaftigkeit seines makellosen Lebens, weswegen wir Jesus nacheifern sollten; doch die Makellosigkeit des Gottessohnes bietet uns kein Modell des guten Lebens. Denn die Quelle der Makellosigkeit ist hier das Göttliche. Nicht als Mensch, sondern als Sohn Gottes wirkte Jesus Wunder und stand von den Toten wieder auf. Er unterstrich seine Gottessohnschaft durch Taten, denen kein Mensch, der bei Verstand und sich seiner Menschlichkeit bewusst ist, ernsthaft nacheifern wird wollen.

Weder Mutter Teresa noch der Soldat im Kampfeinsatz – und am wenigsten Jesus, dessen Leben im Lichte des Glaubens makellos ist – bieten uns ein Modell des guten Lebens. Sie geben uns allerdings, in unterschiedlichen Abstufungen, jeweils ein Beispiel dafür, was es heißt, tugendhaft zu sein und sich tugendhaft zu verhalten in einer Welt, die keine Verkörperung des guten, sondern, wenn schon, dann des schlechten Lebens ist. Und *das* ist auch der Grund, warum wir ihnen nacheifern sollten, sei es in bestimmten Lebenssituationen, sei es im Leben allgemein. Und *dieser* Grund gibt uns, indem er die Tugend als spezifische Reaktion auf eine Form des schlechten Lebens charakterisiert, zugleich einen Hinweis darauf, wo die ethischen Grenzen unseres Nacheiferns jeweils zu ziehen sind.

Demgegenüber scheint uns der Mensch, von dem der Trauerredner zu Recht behauptet, dass er die einfachen Dinge des Lebens liebte, weniger ein Vorbild an Tugendhaftigkeit zu bieten als vielmehr, wie episodisch und bruchstückhaft auch immer, ein allgemein gültiges Modell des guten Lebens. Deshalb wird der Trauerredner erst gar nicht darüber sprechen, durch welche tugendhaften Taten sich der Verstorbene auszeichnete. Er wird der Trauergemeinde stattdessen typische und daher tröstliche Beispiele dafür nennen, worin sich die Liebe des Verstorbenen zu den einfachen Dingen des Lebens manifestierte.

Dabei wäre es bei einer Grabrede wenig angebracht, die Vorliebe des Verstorbenen – nennen wir ihn Hans – für Hausmannskost herauszustreichen oder davon zu reden, dass er der Geselligkeit zugetan und dabei dem Genuss „geistiger" Getränke keineswegs abgeneigt war. Was aber von Hans gesagt werden müsste, ist zweifellos, dass er in einem Umfang und einer Intensität, die sein Leben maßgeblich prägten, Liam Rooneys Devise folgte: „A wife, kids, a place you can hold fast to while the rest of the world spins apart."

Hans – so wollen wir also annehmen – war ein Familienmensch. Er war verheiratet und hatte Kinder. Im Beruf war er bestrebt, seine Arbeit gut zu machen, ohne dass er einer Karriere gefolgt wäre, der er einen großen Teil seines Privatlebens hätte opfern müssen. Er wollte seiner Frau das Gefühl geben, für sie da zu sein. Er wollte seine Kinder aufwachsen sehen und ihnen bei den Problemen des Großwerdens behilflich sein. In seiner Freizeit wollte er Dinge unternehmen, die seiner Frau und seinen Kindern, nicht bloß ihm selbst, Freude bereiteten.

Vor allem aber war Hans an einem Klima des Vertrauens gelegen. Ohne Vertrauen konnte sich Hans keinen Familienzusammenhalt und keine dauerhafte Liebe vorstellen. Die Berufswelt lebte vom Kalkül und den vielen Arten, miteinander in Konkurrenz zu treten, wobei in erster Linie der eigene Vorteil zählt.

Nicht, dass Hans seinen Beruf deswegen geringgeschätzt hätte. Im Gegenteil, für Hans gehörte zu den einfachen Dingen des Lebens, dass Bereiche existierten, die – wie die indische Ethik lehrt – dem „Brauch der Fische" unterliegen: Die Großen fressen die Kleinen. Und das, so schien es Hans, dem Realisten, war in gewissem Sinne gut für alle, weil gut für die Entfaltung, die Entwicklung des Lebens.

Aber das Leben, das bloß ein Überlebenskampf wäre – und sei es zu dem Zweck, dass es den jeweils Überlebenden so gut wie möglich gehen möge –, hätte kein Anrecht darauf, als das gute Leben zu gelten. Zum guten Leben gehörte für Hans etwas, was mit einem Ausdruck, der einen bereits altmodischen Klang hat – und mit einem Anklang an Adalbert Stifters *Nachsommer* –, als „Häuslichkeit" bezeichnet wird. Doch Hans war kein Reaktionär, kein Anhänger des Biedermeier-Idylls. Biedermeier hieß Entrechtung und Repression, des Bürgers wie der Frau. Hans wusste: Um den Bereich der Häuslichkeit in einer zwanglosen Form zu kultivieren, bedarf es eines funktionierenden Staates und einer wohlstandsorientierten Ökonomie. Denn nur sie machen es möglich, dass Menschen, statt dem Brauch der Fische zu folgen, einander – um noch einmal Stifter zu bemühen, den Hans im Übrigen nicht gerne las („lauter tote Harmonien") – unter dem „sanften Gesetz" einer wechselseitigen Sympathie und gewaltlosen Ordnung begegnen können. Das wusste Hans, deshalb waren für ihn Politik und Ökonomie notwendige Mittel zum Zweck, und als solche gehörten sie zum guten Leben mit dazu.

Gleichzeitig war Hans kein Tugendbold. Er war keiner, der sich irgendwelchen Idealen verpflichtet fühlte, die über das normale Maß des Anständigseins hinausgingen. Dabei war er nicht unempfindlich für das Elend, das in seiner Umgebung zu sehen oder jedenfalls zu spüren war, für die steigende Armut, den Ausländerhass, die Lieblosigkeit der Menschen untereinander. Auch in dem Viertel, in dem er wohnte – kein schlechtes Viertel, viel Mittelschicht –, wurden die vielzitierten „sozialen Probleme" gravierender: Sicherheitsängste, Überalterung, hässliche neue Bauwerke, das Dahinschwinden der Grünflächen, schlecht gepflegte und vom urbanen Vandalismus mitgenommene Plätze und Parks. Hans versuchte, sich durch derlei Widrigkeiten nicht allzu sehr in seinen täglichen Routinen und – ja – Freuden stören zu lassen. Nicht, dass er unwillig gewesen wäre, für die Behebung jener Mängel, die sich mit vertretbaren Mitteln aus der Welt schaffen oder wenigstens abschwächen ließen, seinen Beitrag zu leisten. Aber Hans war kein Aktivist und daher unwillig, sein Privatleben einem Engagement zu opfern, das neuerdings „zivilgesellschaftlich" hieß.

Typisch für Hans war, sich keine großspurigen und prinzipiellen Gedanken darüber zu machen, wie andere Menschen leben sollten. Jeder wusste, dass man nicht stehlen, betrügen oder ohne triftigen Grund jemanden verletzen durfte. Jeder wusste, dass Leid, soweit unverschuldet und ungewollt, schlecht war. Jeder wusste, dass man die Selbstbestimmung des anderen zu respektieren und seine Selbstachtung zu schonen hatte.

Im Grunde wusste jeder, was zu tun war, um ein anständiges Leben zu führen: Es war diese einfache Regel oder Gewissheit, die Hans daran zweifeln ließ, dass man sich von Ethikern oder Theologen viel Neues erwarten durfte. Eher gingen sie einem auf die Nerven, weil sie den Eindruck zu erwecken versuchten, dass man ohne Experten nie und nimmer wissen konnte, was man zu tun und zu lassen hatte.

Hans seinerseits wäre es nicht eingefallen – ja es wäre ihm als hinreichender Grund erschienen, sich selbst zu verachten –, jemanden bloß deshalb schief anzuschauen oder schlecht zu behandeln, weil er zu den Randständigen gehörte, einer Sucht verfallen war oder einem Lebensstil huldigte, der, ohne andere zu schädigen, von dem, was als „normal" galt, erheblich abwich. Wurde Hans um Geld angebettelt, dann gab er gewöhnlich etwas. Nicht selten erwies er sich dabei als freigebig, doch manchmal war er in Eile oder schlechter Laune und tat so, als ob er den Bettler nicht bemerkte. Das war ihm hintennach unangenehm.

Hans war weder ein Welt-, noch ein Menschenverbesserer. Niemals wäre ihm eingefallen, nur unter der Bedingung einem Bettler Geld zu geben, dass dieser ihm versprochen hätte, sich keinen Alkohol mehr zu kaufen. Damit hätte er den Bettler nur gedemütigt, ihn zur Scheinheiligkeit genötigt. Ebenso wenig wäre Hans auf die Idee gekommen, dem Bettler einen Vortrag darüber zu halten, wie günstig es wäre, dem übermäßigen Genuss von Alkohol zu entsagen. Denn Hans glaubte zu wissen, dass *das* der Trinker selbst am besten wusste, viel besser, als er, Hans, der kein Alkoholiker war (wohl aber von seinen Schlaftabletten abhängig), es jemals hätte wissen können. Warum also Leuten nutzlose, beschämende Ratschläge erteilen?

Überhaupt schien es Hans zu den einfachen Dingen des Lebens zu gehören – zu den Pflichten des einfachen Anstands –, dass die Menschen besonders dann, wenn sie am Boden lagen und ihre Existenz nach bürgerlichen Maßstäben als zerstört galt, mit Respekt zu behandeln waren. Dabei mochte Hans das Wort „Respekt" eigentlich nicht, denn es war eines jener Modewörter geworden, die man andauernd in den Mund nahm. Umso mehr verabscheute er, ohne dass er es für notwendig hielt, darüber viele Worte zu verlieren, ideologische Ansichten, die bestimmte Gruppen von Menschen derart behandelt sehen wollten, als hätten sie keine Würde, jedenfalls keine, die eine Gleichstellung mit den sogenannten anständigen Bürgern gerechtfertigt hätte.

Wie sehr Hans auch die einfachen Dinge des Lebens mit einem anständigen Leben zusammenzugehen schienen, missbilligte er doch die menschenverachtende Haltung jener, die sich voller Dünkel als anständige Bürger sahen und sich bei jeder Gelegenheit dummdreist als solche produzierten. Der anständige Bürger, der Hans zuwider war, war kein Mensch, der die einfachen Dinge des Lebens liebte. Denn erstens liebte er nur sich und die Seinen (oder das, was er für seinesgleichen hielt); und zweitens tat er sich viel darauf zugute, nichts zu vereinfachen, sondern zu „differenzieren". Damit meinte der anständige Bürger, dass er so, wie er ein Weinkenner war (oder ein Kenner von sonst irgendetwas, jedenfalls ein „Kenner"), auch ein untrügliches Urteil dafür besaß, wer „als Mensch" taugte und wer nicht. Der anständige Bürger war häufig ein Rassist und Faschist in der Maske des Menschenkenners, häufig ein ressentimentgeladener Wicht, den das Leben derart beschädigt hatte, dass er seine Selbstachtung nur über die Entwürdigung anderer zu retten vermochte.

Vom Trauerredner wurde ausdrücklich hervorgehoben, dass es zwei Sätze waren, die Hansens Lebenseinstellung am besten zum Ausdruck brachten. Sie klangen ähnlich und umschrieben doch einen ganzen Lebenseinstellungsbogen. Sie lauteten: *Im Grunde weiß jeder, was er zu tun hat.* Und: *Im Grunde weiß jeder selbst am besten, was für ihn selbst das Beste ist.* Der erste Satz betraf die Moral, der zweite die Selbstverwirklichung. Und beide Sätze zusammen charakterisierten Hansens Idee vom guten Leben – *grosso modo,* im Großen und Ganzen. Keiner, der nicht ganz dumm war, war zu dumm, um diese Idee zu erfassen.

Mag sein, der Trauerredner war ein Philosoph und er stellte nur aus Freundschaft und Pietät nicht die Frage, die so manchem Zuhörer aus der Trauergemeinde durch den Kopf ging: War Hans vielleicht ein beschränkter Mensch, ein Simpel ...? Wir wollen annehmen, dass Hans kein Simpel war. Wir wollen annehmen, er hatte, obwohl an philosophischen Sophistikationen nur mäßig interessiert, auf Anraten seines Freundes, des Philosophen, Derek Parfits langatmiges (und nicht gerade kurzweiliges) Meisterwerk zur Ethik, *Clim-*

bing the Mountain, gelesen. Hätte er dann nicht eine Vorstellung von der ungeheuren Komplexität des moralischen Denkens haben müssen, von der Anstrengung, den Berg des moralischen Diskurses zu erklimmen, statt sich darauf zu versteifen, dass im Grunde jeder wusste, was zu tun war?

Für Hans war der hohe, steile, mühsame „Berg des moralischen Diskurses" nichts, was jemand hätte erklimmen müssen, um auf die richtige Art und Weise moralisch sein zu können. Es war, so befand Hans, nicht der Berg der Moral, sondern der Berg des Diskurses über die Moral, den Parfit erklimmen wollte. Doch eben dieses Ziel konnte, so Hansens Beobachtung, der philosophische Gipfelstürmer nur deshalb erreichen, weil er wie jeder einigermaßen vernunftbegabte und außerdem sensible Mensch jederzeit immer schon wusste, was moralisch richtig war und was nicht. Nicht, dass deshalb Parfits Anstrengung zu verachten gewesen wäre. Denn sie half zu klären, warum im Grunde jeder wusste, was er zu tun hatte, und warum im Grunde jeder selbst am besten wusste, was für ihn selbst das Beste war. Des Ethikers umständliche Argumente halfen besser zu verstehen, warum man wusste, was man wusste, und – wichtiger noch – warum man manchmal nicht wissen konnte, ob das eine oder andere das Richtige oder Beste war.

Die Lektüre des Ethikers bestätigte Hans in seiner Überzeugung, dass Moral und Selbstverwirklichung (verglichen mit – sagen wir – Ökonomie oder Atomphysik) zu den einfachen Dingen des Lebens gehörten. Und zu den einfachen Dingen des Lebens gehörte eben auch, dass sie uns manchmal vor Probleme stellten, deren Lösung auf der Hand lag („Soll ich ehebrechen?" – „Nein, denn du hast deinem Partner Treue geschworen!"), und uns manchmal aber mit Fragen konfrontierten, deren Lösung sich erst, wenn überhaupt, im Laufe eines Lebens, durch die Art und Weise des Lebens selbst, ergab („Wer bin ich wirklich?").

Hans war kein Ignorant. Kein Hans-guck-in-die-Luft. Keiner, der dachte, man brauche den Dingen nur ihren Lauf zu lassen, dann werde das Gute sich schon durchsetzen – und zwar deshalb, weil es ist, was es ist, und als solches jedem einsehbar. Noch kurz vor seinem Tod hatte er Khaleid Hosseinis vielgerühmtes Afghanistanbuch, *A Thousand Splendid Suns,* gelesen. Hans war nicht neu, mit welcher Brutalität die Taliban ihre „Ethik" durchsetzten. Wie sie die Menschenwürde der Frauen missachteten. Wie sie die schlichtesten Regungen nach Freiheit und Bildung mit Stockschlägen, Verstümmelungen und Schlimmerem quittierten. Besonders aber schauderte

Hans bei der Vorstellung, dass diese „Ethik" auf angeblich verehrungswürdigen religiösen Vorschriften beruhte. Angesichts solcher Beispiele – die Taliban waren keine Ausnahme im Weltgeschehen – lag es Hans fern, sich einer kulturrelativistischen Rhetorik („andere Länder, andere Sitten") zu befleißigen oder, schlimmer noch, jahrhundertelangen Traditionen der Unterdrückung mit Respekt zu begegnen.

Hätte Hans bei seinem eigenen Begräbnis seinen Standpunkt dartun können, er hätte der Trauergemeinde in der gebotenen Kürze Folgendes mit auf den Weg gegeben:

Verrohung der Seele und des Herzens, Primitivität, Hass, Eiferertum, Verblendung und Bestialität waren ständige Begleiter des Menschen in Zuständen sozialer Zerrüttung, des Elends, der Arbeits- und Zukunftslosigkeit. Ging die Verrohung erst soweit, dass die Verrohten ihren menschlichen Makel nicht mehr zu erkennen vermochten, dann verlor das Prinzip, wonach jeder wusste, was zu tun war, um ein anständiges Leben zu führen, seine Wirksamkeit. Aber es verlor nicht seine Geltung! Abgesehen davon, dass man Menschenschinder daran hindern sollte, ihre Verrohung zu praktizieren, gilt es vor allem, die Bedingungen der Verrohung zu bekämpfen. Zwar würde der innerlich verrohte Mensch wohl kaum zu belehren sein, namentlich dann nicht, wenn er aus seiner Bestialität und seinem Fanatismus Nutzen für sich selbst schlagen konnte. Aber was die heranwachsenden Generationen betraf, die möglichen Parteigänger und Sympathisanten der Verrohung, so müssen sie geistig und emotional befähigt werden, die Niedrigkeit eines Zustands einzusehen, in dem man guten Gewissens die eigene Unanständigkeit für ein Ticket ins Himmelreich halten kann.

Ungeachtet dessen gibt es überall Liebe und Hass, Hunger und Durst, Krieg und Frieden, Freiheitsverlangen und Gerechtigkeitssehnen, einen Sinn für Schönheit und einen Sinn für Anstand. Die Tugenden, denen wir nacheifern sollten, sind überall dieselben, auch wenn nicht überall denselben Tugenden nachgeeifert wird. Überall ist es verboten, andere grundlos zu verletzen, zu betrügen, zu belügen und ihr Vertrauen auszunützen. Überall leiden die Menschen, wenn man sie nicht achtet und würdelos behandelt, mag darunter auch jede Kultur im Detail etwas Unterschiedliches verstehen. Egal: Das Verlangen nach Selbstachtung und das Gebot, die Würde anderer zu achten, sind überall vorhanden und machen erst aus den vielen Völkern, Kulturen und Nationen die eine Menschheit.

Das waren für Hans die Glieder am universellen Band der Gefühle und Werte – jenem einigenden Band, das die Menschen befähigte, einander zu verstehen und in den anderen hinüberzureichen. Statt sich wechselseitig wegzudrängen und zu missachten, statt den Mitmenschen zum Anderen, großgeschrieben, werden zu lassen, war es möglich, durch Akte des Verstehens und der Einfühlung ein Gespür dafür zu bekommen, *wie es ist, der andere zu sein.* Das schien Hans eine grundlegende Fähigkeit des Menschen, die ihren Ursprung vermutlich – warum nicht? – im Bindungsprozess sozialer Tiere hatte. Sie ließ sich durch Bildung schulen, differenzieren, gewiss, aber sie war im Ansatz immer schon da, schon zu Zeiten, als man nur die Leute des eigenen Volkes als „Menschen" gelten ließ.

Und die Religion? Welche Rolle spielte sie im Leben von Hans? Möglicherweise kam der Trauerredner an Hansens Grab hier ein wenig in Verlegenheit. Denn Hans war nicht religiös im konventionellen Sinne des Wortes. Er war katholisch getauft, aber schon in jungen Jahren aus der Kirche, deren Kultus, Dogma und Mythos ihn ebenso geprägt wie abgestoßen hatten, ausgetreten. Die Frage, ob Hans an Gott glaubte, ließ sich schon deshalb nicht mit „Ja" beantworten, weil Hans in den seltenen Gesprächen, in denen er darüber sprach, mit einem gewissen Unterton behauptete, er sei sich dessen gewiss, dass Gott existiere, bloß wüsste er nicht, was das bedeute. Auch glaubte Hans nicht an ein persönliches Überleben nach dem Tod, weil er, wie er sagte, nicht wisse, wie er – und wieder dieser gewisse Unterton – ohne Körper seinen Tod überleben können sollte.

So einfach war das. Oder sollten wir besser sagen, so einfach schien das zu sein? Immerhin wusste der Trauerredner zu berichten, dass Hans eine „Art religiöser Haltung" für sich gelten ließ, ja in Anspruch nahm. Hans, so der Trauerredner, habe immer das Mysterium verehrt, das in der Existenz und Ordnung der Dinge lag. Dabei ist er stets neugierig auf die Erklärungen gewesen, welche die Wissenschaft fand, denn für ihn verflachten sie das Mysterium nicht; sie vertieften es. Der Urknall und das Genom waren für Hans weniger Ursachen als Wunder, die bewiesen, dass die Welt eine Schöpfung war.

Hans hätte allzu gerne gewusst, was der neueste Teilchenbeschleuniger, der sagenhafte *Large Hadron Collider,* dem Menschen Neues über Aufbau und Ursprung des Universums lehren würde – *seines* Universums. Aber Hans durfte immerhin noch darüber lachen, dass die Maschine, gleich nachdem sie gestartet worden war, wieder abgeschaltet werden musste. Der Weg zum Urknall ist mit defekten Stromkabeln, klappernden Ventilen, leckenden Abdichtungen und ähnlichen Ärgernissen der menschlichen Gottesanmaßung gepflastert.

Man konnte – das war Hansens feste Überzeugung – sich die Welt und das Leben gar nicht anders denn als Schöpfung denken. Fragte man Hans allerdings, was er damit meine, dann freilich wich er aus. Einmal, so schloss der Trauerredner, habe Hans augenzwinkernd doziert, man solle den Alltag, ob Schuheputzen, Liebemachen oder Gedichteschreiben, als eine Art Liturgie feiern. Und dabei habe er ein heißes Bügeleisen geschwungen, aus dem der Dampf aufstieg wie der Rauch aus einem Weihrauchkessel. Denn nur selten, so Hansens geistiges Vermächtnis (wenn hier von „geistig" und gar von „Vermächtnis" die Rede sein darf), gelinge es, die Anwesenheit Gottes im Mitvollzug der Schöpfung beim Hemdenbügeln zu beschwören.

Meistens war Hemdenbügeln nichts weiter als Hemdenbügeln. Aber, so Hans, der sich gerne ein bisschen als Liturgiekenner aufspielte, meistens war auch Weihrauchkesselschwingen nichts weiter als Weihrauchkesselschwingen. Man durfte, so Hans – und das Augenzwinkern reicherte sich mit Lachfältchen an –, vom Mitvollzug der Schöpfung eben nicht erwarten, dass über der alltagsliturgischen Szenerie des Hemdenbügelns eine Reklametafel blinkte, die weithin leuchtend annoncierte: „Täglich Schöpfung, durchgehend geöffnet".

7.

WIR LITURGISCH ENTTÄUSCHTEN

Der Liturge des Alltags ist kein Liturge im gewöhnlichen Verständnis des Wortes. Er ist kein Geistlicher, der den Gottesdienst zelebriert; ja, es ist unwahrscheinlich, dass er überhaupt ein Geistlicher ist. Denn er ist ebenso wie sein Widerpart, der nicht an die Mystik der einfachen Dinge des Lebens glaubt, liturgisch enttäuscht. Keiner von beiden, weder der Liturge des Alltags noch der liturgisch Enttäuschte, ist religiös im traditionellen Verständnis des Wortes.[9]

Liturgie, das ist der geregelte Ablauf einer Messfeier. Die Regeln sind komplex, kompliziert, dem Laien nicht immer verständlich. Aber das Ziel, dem sie dienen, ist einfach. Es ist das denkbar einfachste Ziel, das zugleich das mysteriöseste ist: die Anwesenheit Gottes. Diese Anwesenheit erzeugt ein Moment des Absoluten. Sie ist, obwohl durch die peinlich genaue Befolgung von Regeln spürbar gemacht, bedingungslos. Gott ist immer da. Aber er ist nicht immer erlebbar. Das ist der Standpunkt des Liturgen.

Der Standpunkt des liturgisch Enttäuschten hingegen lautet: Da kann ich nicht mitmachen! Das ist Hokuspokus. Aberglaube, Götzendienst. Ich kann in der Liturgie nicht die Einfachheit Gottes erkennen, weil ich gar nichts erkennen kann – außer Umständlichkeiten, ein kompliziertes Ballett rund um einen transzendenten Popanz.

Der Liturge des Alltags hält seinem Widerpart entgegen, dass es auch eine Liturgie des Alltags gibt. Gewiss, es handelt sich bloß um eine Art Liturgie. Denn sie besteht nicht aus Ritualen, jedenfalls nicht aus solchen, die ihrem Anspruch zufolge ein für alle Mal für alle festgeschrieben wären. Der Alltag der Menschen mag reichlich monoton sein, zugleich ist er auch anti-ritualistisch. Denn indem die Menschen nach Selbstverwirklichung streben, streben sie nach Vielfalt.

Und doch: Wer im Medium des Alltags nach dem Sinn seines Lebens sucht („Ja sollte er denn danach suchen?", fragt der liturgisch Enttäuschte), der ist auf der Suche nach etwas, das – es lässt sich nicht klarer ausdrücken – absolut einfach ist. Es handelt sich im Grunde um immer die gleiche Suche: die Suche nach dem archimedischen Punkt der Existenz, dem Absoluten, Göttlichen, vor dem sich alle Fragen erübrigen, weil alle Antworten belanglos geworden sind. Wer nach dem Sinn des Lebens sucht, so der Liturge des Alltags, für den wird der Alltag zu einer Art Li-

*turgie der einfachen Dinge des Lebens ... (Der liturgisch Enttäuschte
schüttelt den Kopf, was den Liturgen des Alltags nicht sonderlich über-
rascht und dennoch misslaunig stimmt – wie das Jucken an einer altbe-
kannten Stelle, an der man sich nicht kratzen kann –, denn er hat das
zwiespältige Gefühl, er sei es selber, der den Kopf schüttelt.)*

***

LITURGE: Es sind die einfachen Dinge des Lebens, auf die es ankommt.

ENTTÄUSCHTER: Warum die einfachen? Warum nicht die komplizierten? Wenn nach zehn Jahren Laufzeit alle Milliarden und
Abermilliarden Daten, die der neueste Teilchenbeschleuniger liefern
wird, hoffentlich ausgewertet sein werden, dann werden wir vielleicht
wissen, wie das kosmische Drama begonnen hat, das schließlich dazu
führte, dass wir beide jetzt über die Frage nachdenken können, ob es
im Leben auf die einfachen Dinge ankomme.

Und ist es nicht das, worauf es letzten Endes im Leben ankommt:
zu wissen, woher wir kommen, wer wir sind, wohin wir gehen? Wie
sollten wir ohne den neuesten Teilchenbeschleuniger jemals wissen
können, woher wir kommen?

LITURGE: Was für ein Missverständnis! Wenn ich recht informiert
bin, wird eine der Hauptaufgaben des neuesten Teilchenbeschleunigers darin bestehen, einen experimentellen Nachweis der Higgs-
Teilchen zu liefern, die bereits vor Jahrzehnten rechnerisch postuliert
wurden. Sie sind der Theorie nach dafür verantwortlich, dass es Masse im Universum gibt. Und ohne Masse, soviel steht fest, gäbe es unsere Welt und gäbe es daher auch uns nicht. Na und? Darauf soll es
im Leben ankommen? Der *Sinn* des menschlichen Lebens ist weder
davon abhängig, dass die Menschen von den Higgs-Teilchen etwas
wissen, noch davon, ob es überhaupt Higgs-Teilchen gibt.

ENTTÄUSCHTER: Aber die einfachen Dinge des Lebens – die sind
es, von denen der Sinn des menschlichen Lebens abhängt? Ja? Warum
gerade die einfachen? Mag sein, dass es im menschlichen Leben nicht
darauf ankommt, dass es Higgs-Teilchen gibt. Aber es ist für den
Menschen nicht unerheblich zu wissen, woher er kommt. Die Frage,
wie entstand das Universum, wie hat es sich entwickelt, wie konnte
Leben entstehen und sich soweit entwickeln, dass wir nun in der Lage
sind, uns eben diese komplizierte Frage zu stellen, die ich soeben
stelle: Das alles ist ein Ergebnis nicht einfacher Dinge, sondern un-

vorstellbar komplizierter Strukturen und Prozesse, die schon Milliarden von Jahren existieren und wirken.

Also: Wovon immer der Sinn des menschlichen Lebens abhängen mag, er kann nicht unabhängig davon sein und lässt sich nicht unabhängig davon formulieren, wie die Dinge des Lebens, deren Natur sich aus dem Ganzen der Welt ergibt, in Wirklichkeit beschaffen sind.

LITURGE: Mir bereitet die Rede vom Sinn des Lebens plötzlich Unbehagen. Ich gebe zu, ich habe damit angefangen. Aber nur, weil ich einen Fingerzeig geben wollte. Ich wollte klarmachen, dass es bei dem, worauf es im Leben ankommt, nicht darauf ankommt, dass man die sagenhafte Weltformel kennt. Je tiefer die Wissenschaften in die Struktur des Universums und dessen Entfaltung eindringen, umso geringer wird die Aussicht, vom Sinn des Lebens überhaupt reden zu können.

Das Universum, das die Wissenschaft erforscht, ist beides: unvorstellbar komplex und komplett sinnlos. Wenn die Rede vom Sinn des Lebens einen Sinn hat, dann nicht deshalb, weil es vor Milliarden Jahren einen Urknall gab, aus dem das Leben deshalb entstehen konnte, weil sich beim Urknall Higgs-Teilchen formierten. Das zu behaupten wäre absurd!

ENTTÄUSCHTER: Schön, ich nehme den Fingerzeig ernst. Irgendwie scheinen die Rede vom Sinn des Lebens und jene, die besagt, dass es im Leben auf die einfachen Dinge ankomme, innerlich zusammenzuhängen. Nun, ich will nicht den Begriffsstutzigen spielen und so tun, als ob ich kein bisschen verstehen könnte, worum es in unserer Unterhaltung überhaupt geht.

Es gibt in der Tradition der Benediktiner eine Regel, die lautet: *Ora et labora.* Arbeite und bete! Hier kommt es also auf die sogenannten einfachen Dinge an, auf die Dinge des klösterlichen Lebens, die profanen und die heiligen. Und die einfachen Dinge ordnungsgemäß zu erledigen bedeutet, dass man sich über den Sinn des Lebens keine Gedanken mehr zu machen braucht.

Denn der Sinn des Lebens steckt in dieser einfachen Regel: *Ora et labora.* Um daran keinen Zweifel aufkommen zu lassen, lautete die Regel zur Gänze: *Ora et labora, Deus adest sine mora.* Wenn du arbeitest und betest und, nebenbei gesagt, die heiligen Schriften eifrig liest, wird Gott ohne Verzug anwesend sein.

LITURGE: Eben.

ENTTÄUSCHTER: Was heißt: „Eben"? Für wie viele von uns hat denn die Ordensregel der Benediktiner praktisch eine Bedeutung?

Gewiss, wenn ich mir sicher sein darf, dass Gott mir nahe ist, falls ich arbeite und bete und die heiligen Schriften lese, dann brauche ich mir keine Sorgen um den Sinn meines Lebens zu machen oder, weniger hochtrabend ausgedrückt, darüber, worauf es im Leben ankommt. Dann sind es so einfache Dinge wie Arbeiten und Beten und Frommsein, auf die es ankommt, und alles andere, zum Beispiel die Struktur des Universums, ist Beiwerk.

Aber heutzutage sind die meisten von uns liturgisch enttäuscht. Und diese Enttäuschung beschränkt sich nicht bloß aufs Messfeiern, jedenfalls nicht für mich. Denn ich habe, seitdem ich hoffentlich selbständig zu denken begann, sowohl mit dem Kirchengehen aufgehört als auch damit, mir den Alltag als eine tröstliche Ersatzkirche einzurichten. Mein Alltag ist profan. Meine Rituale sind profan. Und ich spreche keine Gebete, weil ich mir dumm vorkäme, als Bittsteller im leeren Raum Worte vor mich hin zu murmeln, die von niemandem erhört werden.

Und so wie mir geht es all denen, die ihr Leben ohne religiösen Aufputz, sozusagen durch und durch innerweltlich, zu leben versuchen. Für einen Benediktinermönch hingegen war das ganze Leben eine – wenn man so will – Art Liturgie. Alles stand im Dienste Gottes, alles sollte Lob der Schöpfung, Anbetung des Höchsten und demütige Anerkennung eigener Nichtswürdigkeit sein. Und das ist wohl auch die Sichtweise des Lebens, wie sie den wirklich frommen Menschen heute noch bindet.

Kurz gesagt: Mir kommt vor, dass sich die Rede davon, dass es im Leben auf die einfachen Dinge ankomme, dem Nachwirken einer religiösen Auffassung des menschlichen Daseins verdankt, einer Quasiklösterlichkeit außerhalb der Klostermauern.

LITURGE: Mag sein.

ENTTÄUSCHTER: Warum plötzlich so einsilbig? Ich sagte ja nicht, dass das Nachwirken der religiösen Sichtweise des Lebens etwas wäre, was man ablegen könnte wie alte, abgetragene Kleider. Aber wenn wir sie einmal abgelegt haben, weil wir uns daran gewöhnten zu arbeiten, ohne zu beten, dann verlieren auch unsere weltlichen Aktivitäten ihre liturgische Qualität.

Wenn ein Glaubensloser seinen Garten bestellt, dann will er damit nichts tun, was noch eine andere Bedeutung hätte als die, Gemüse anzubauen und Blumen zu pflanzen, um, sagen wir, seinen eigenen Salat essen, seine Augen erfreuen und seinen Körper ertüchtigen zu können. Natürlich kann man sagen: Ja, aber darauf kommt es doch gerade an, fürs Überleben zu sorgen und sich dabei möglichst wohl zu fühlen.

Doch wenn es auf nichts weiter ankommt, dann mag ein anderer dasselbe Ziel dadurch erreichen, dass er Teilchenphysiker oder Investmentbanker wird, weil er denkt, dass es finanziell und geistig verlockend sei, sich um die theoretisch komplizierten Aspekte des neuesten Teilchenbeschleunigers zu kümmern oder den Adrenalinspiegel bei riskanten Wertpapiertransaktionen sprungartig ansteigen zu lassen.

LITURGE: Das klingt so, als wäre ich mit meinem Latein bereits am Ende. Oder als hätte ich mich zu rasch geschlagen gegeben. Ich komme mir im Moment dumm vor, nämlich so, als ob ich Teilnehmer bei einem Redewettbewerb wäre ...

ENTTÄUSCHTER: Nanu, ich dachte, wir diskutieren eine Behauptung, eine These, ein Lebensprinzip! Wie sollen wir diskutieren, ohne Argumente auszutauschen? Oder habe ich etwas falsch verstanden?

LITURGE: Vielleicht.

ENTTÄUSCHTER: Also schön, was habe ich falsch verstanden?

LITURGE: Alles. So gut wie alles. Denn ich wollte anfänglich nichts sagen, was ich zu beweisen hätte, nichts, was einer Rechtfertigung bedürfte. Es ist wahr, dass unser Leben nicht mehr unter dem schützenden Dach einer liturgischen Regel vonstatten geht. Es ist wahr, wir sind liturgisch Enttäuschte nicht nur in den Gotteshäusern, sondern im Leben überhaupt. Gott ist nicht nahe, jedenfalls nicht in der dichten Weise, in der das hinter mittelalterlichen Klostermauern der Fall gewesen sein soll. Obwohl, dort soll es ebenso Gefühle der sinnlosen Routine, der Auswegslosigkeit angesichts der tagtäglichen Schinderei ohne Gottes wärmende Nähe gegeben haben.

Nein, wovon ich sprechen wollte, war, denke ich, im Grunde nichts Argumentierbares. Es spielt keine Rolle, wie kompliziert, gefinkelt, sozial verfeinert unser Leben sein mag. Und es steht auch nicht zur Debatte, dass es Menschen gibt, die sich bloß wohlfühlen, wenn sie mit den komplizierten und verfeinerten Dingen des Lebens befasst sind. Es gibt nicht wenige, die es ohne Mitgliedschaft in einem teuren Golfclub kaum aushalten würden. Aber was ich sagen wollte, war, dass es *darauf* gar nicht ankommt, wenn es darum geht, worauf es ankommt.

Worauf es ankommt, sind letzten Endes immer die gleichen Dinge: ob man liebt oder geliebt wird, ob man sich am Ende selbst noch in die Augen schauen kann, ob man den anderen in die Augen schauen kann, ob man sein Leben nicht vertrödelt hat, ob man Schaden angerichtet oder Gutes getan hat. Das sind lauter Dinge, die – wie ich es sehe, und wie es wohl jedermann sieht – zu den sogenannten einfachen Dingen des Lebens gehören, ganz egal, auf welcher kulturellen und sozialen Komplexitätsstufe sie sich verkörpern. Was soll man darüber diskutieren? Man diskutiert ja auch nicht darüber, jedenfalls nicht ernsthaft, ob man wirklich existiere oder ob alles bloß ein Traum sei. Das sind Scheindiskussionen.

ENTTÄUSCHTER: Na schön, ich habe nichts dagegen, von den *sogenannten* einfachen Dingen des Lebens zu reden – oder auch nicht zu reden. Aber ob wir reden oder nicht reden, unsere Diskussion oder Nichtdiskussion über diese Dinge ist nicht unschuldig. Sie ist im Gegenteil extrem ambitioniert, indem sie möglichst harmlos, mit eben nur Sogenanntem daherkommt. Dabei geht es um den Sinn des Lebens. Nur darum. Und um Gott. Oder? Gehört das alles auch zu den einfachen Dingen?

LITURGE: Für den Benediktinermönch gab es einen klaren Zusammenhang zwischen Arbeiten, Beten und dem Sinn des Lebens. Auch wenn wir nicht mehr an die Nähe Gottes glauben können wie der Mönch, so ist für uns der Sinn des Lebens doch nichts, worüber wir uns erst durch komplizierte argumentative Prozeduren oder einen tiefen Einblick in Aufbau und Ablauf der Welt verständigen müssten. Nein, es sind die einfachen Dinge des Lebens, durch die hindurch uns so etwas wie der Sinn des Lebens zuwächst oder gegenwärtig wird – oder wie immer man das nennen will, dieses Unbedingte an Zuversicht, das sich durch die Wechselfälle des Lebens nicht einfach widerlegen lässt.

ENTTÄUSCHTER: Das klingt jetzt schon verdächtig nach Predigt, zugegeben einer konfessionslosen Predigt, aber einer Predigt immerhin. Und wie bei so vielen Predigten dreht sich alles in einem Begriffskreisel. Will man wissen, was die einfachen Dinge des Lebens sind, wird einem geantwortet, das seien eben jene, die uns den Sinn unseres Lebens offenbaren. Fragt man dann aber nach, worin denn der Sinn des Lebens eigentlich bestehe, wird einem beschieden, *das* offenbare sich eben nur in den einfachen Dingen des Lebens.

LITURGE: Und?

ENTTÄUSCHTER: Ein Zirkel ist ein Zirkel! Statt Begriffe, die Substanz haben, bekommen wir substanzlose Wörter, die bedeutungsleer aufeinander verweisen.

LITURGE: Ich weiß, was ein Zirkel ist. Aber nicht jeder Zirkel ist ein *circulus vitiosus*. Nicht jeder Zirkel ist fehlerhaft. Fehler, die *notwendig* sind, haben ihre eigene Logik – und Wahrheit. Denken wir noch einmal an die Nähe Gottes, der ohne Verzug anwest: *Ora et la-*

bora, Deus adest sine mora. Man kann diesen Satz in zweierlei Weise interpretieren:

Die eine Interpretation, die ich für oberflächlich halte, besagt, dass die Anwesenheit Gottes eine Art Belohnung dafür ist, dass man arbeitet und betet und die heiligen Schriften liest. Diese Interpretation ist kindlich, naiv, weil sie das Verhältnis zwischen Gott und dem Menschen als eine Vater-Kind-Beziehung denkt. Das Wohlwollen des Vaters wird an das Wohlverhalten des Kindes geknüpft.

Es gibt aber auch noch eine andere Interpretation, die meines Erachtens tiefer und deshalb vorzugswürdig ist. Sie lautet, dass die Anwesenheit Gottes nur durch die richtige, rechtgläubige Art des Lebens *spürbar* wird; ja, dass durch die richtige Art des Lebens sich das Leben selbst innerlich verändert, weil sich die Anwesenheit Gottes als fraglose Nähe, *als bedingungsloses Mitsein* offenbart.

ENTTÄUSCHTER: Schön, und was heißt das alles, bezogen auf den Sinn des Lebens? Inwiefern verschwindet die Fehlerhaftigkeit des angeblich notwendigen Zirkels vor dem Hintergrund der angeblich richtigen Interpretation der Nähe Gottes?

LITURGE: Die Fehlerhaftigkeit verschwindet, weil sie nicht zum Verschwinden gebracht werden kann. Der Sinn des Lebens ist etwas, was das Leben mit Bedeutung erfüllt ganz gleich, von welchen Bedingungen das Leben im Einzelnen abhängt, ob von guten oder von schlechten. „Sinn des Lebens" meint: Jedes Leben ist *bedingungslos* sinnerfüllt, nur ist dieses Erfüllsein nicht ohne weiteres *evident.* Der Sinn des Lebens, der davon abhinge, dass er als solcher bezeichnet oder anerkannt würde – was einschlösse, dass er auch nicht als solcher bezeichnet oder anerkannt werden müsste –, wäre nichts wert: Es wäre nicht *der* Sinn des Lebens, nach dem wir suchen.

Mag sein, dass Wittgenstein Recht hatte, als er bemerkte, dass diejenigen, die den Sinn ihres Lebens gefunden hätten, dann nicht sagen könnten, worin er bestünde. Denn der Sinn des Lebens ist eine metaphysische Tatsache. Seine Existenz ist ebenso wie die Nähe Gottes – und richtig verstanden meint ohnehin beides dasselbe – nicht an irgendwelche besonderen Tatsachen gebunden. Das macht aus der Einfachheit der einfachen Dinge des Lebens ein Merkmal, zu dem die redensartlich „einfachen Dinge des Lebens" in demselben Verhältnis stehen wie die liturgischen Akte zu dem, was sie bedeuten und beschwören, nämlich nicht mehr und nicht weniger als die Präsenz Gottes.

Es sind die einfachen Dinge des Lebens, die uns den Sinn *unseres* Lebens eröffnen, indem sich uns zugleich der metaphysische – und damit der absolute, bedingungslose – Sinn *des* Lebens offenbart. Ihn können wir nicht direkt ausdrücken. Denn jede Geschichte, die den Sinn unseres Lebens ausdrücken soll, und damit den Sinn des Lebens überhaupt, hängt von Bedingungen ab, die für mich oder dich gelten, aber für andere nicht, und auch für mich oder dich nur aufgrund vieler Zufälle, die man weder vorhersehen noch steuern kann, „Kontingenzen", wie die Philosophen sagen.

ENTTÄUSCHTER: Und was soll dann das Gerede von den einfachen Dingen des Lebens? Ich will mich nicht dümmer stellen, als ich bin. Doch dass es jetzt vom handfesten *Ora et labora, Deus adest sine mora* der Benediktiner holtertipolter in die Metaphysik hinein- und dann gleich wieder aus ihr hinausgeht, hinein ins Erzählen vom eigenen Leben, einer Geschichte voller Kontingenzen, in der sich der absolute, bedingungslose Sinn meines und deines Lebens, und gar der Sinn des Lebens überhaupt, erst recht nicht ausdrücken lässt: das alles beweist für mein Gefühl am ehesten, dass die Rede von den einfachen Dingen des Lebens, auf die es angeblich ankommt, eine – wie soll ich sagen? – romantisierende oder nostalgische Redensart darstellt. Diese soll wohl darüber hinwegtäuschen, in welchem Ausmaß uns die Glaubensgrundlagen dafür, in einem schlichten, glaubhaften Sinne vom „Sinn des Lebens" zu reden, längst abhanden gekommen sind.

LITURGE: Mag sein.

ENTTÄUSCHTER: Was heißt: „Mag sein"? Ich höre da schon wieder die Beleidigtheit heraus, das verletzte Sentiment – oder soll ich sagen: Ressentiment? – des existenziell Enttäuschten. Immerhin sollte Enttäuschung nicht gleich dazu führen, dass einem jedes Gefühl für die verquere Situation abhanden kommt, in die man sich als Glaubensnostalgiker oder Sinnromantiker hineinmanövriert.

All der metaphysische Höhenflug, den man benötigt, bloß, um die Rede von den einfachen Dingen, auf die es im Leben ankomme, dann nicht aufhellen zu können – bitte, da sollte man doch schon aus argumentationsästhetischen Gründen am Boden bleiben. Wenn sich das Metaphysische im Leben, der sozusagen in Großbuchstaben geschriebene Lebenssinn, deiner und meiner und jedermanns, nicht definieren, erklären oder ausdrücken lässt, dann kommt es auch nicht darauf an, ob die Dinge des Lebens, denen man sich hingibt, einfach oder kompliziert sind.

LITURGE: Ich bin weit davon entfernt, beleidigt zu sein. Liturgisch enttäuscht oder nicht: sofern uns der Sinn unseres Lebens bewegt, sind wir auf der Suche nach einer *Art* Liturgie. Kann man das besser ausdrücken? Wohl kaum.

Der metaphysische Höhenflug, als begriffliche Bewegung, ist nichts weiter als ein Liturgieersatz, noch dazu ein missverständlicher. Denn er macht uns glauben – und die Philosophen der metaphysischen Ära machten uns das *ernsthaft* glauben –, der Sinn des Lebens sei etwas Argumentierbares. Das kommt mir so vor, als ob, um ein Beispiel von G. E. M. Anscombe aufzugreifen, die christliche Lehre der Wandlung, die sogenannte Transsubstantiation, außerhalb der Liturgie einen guten Sinn hätte. Als ob man hier begrifflich mehr machen könnte, als zu sagen, dass der Priester am Höhepunkt der christlichen Messe das Letzte Abendmahl wiederholt, das Jesus mit seinen Jüngern feierte. Da werden Brot und Wein in den Leib und das Blut des Herrn verwandelt. In diesem mystischen Moment ist Jesus immer wieder, überzeitlich, gegenwärtig.

„Was heißt das?", wird der Außenstehende fragen. Und Anscombe, die analytische Philosophin und gläubige Katholikin, wird antworten, dass man das, was das heißt, außerhalb der Liturgie überhaupt nicht angemessen begreifen kann.[10] Man kann darüber reden, man kann darüber auch metaphysisch reden, aber der Kern der Sache erschließt sich nur dem, der die Liturgie *lebt,* indem er sie *gläubig praktiziert.*

ENTTÄUSCHTER: Wir haben uns bisher also umsonst bemüht herauszufinden, was es heißen könnte, dass es auf die einfachen Dinge des Lebens ankomme? Ja? Unsere Diskussion war heiße Luft, ein lang gedehnter *flatus vocis,* um es höflich zu formulieren? Wäre es jetzt nicht an mir, beleidigt zu sein?

LITURGE: Keineswegs. Unser Gespräch sollte nur den Rahmen abstecken, in dem es möglich ist, über die einfachen Dinge des Lebens zu reden. Der Rahmen ist etwas anderes als die Dinge, die er umrahmt. Über die Messfeier zu sprechen, ist etwas anderes, als die Messe zu feiern. Und man sollte es nicht gegen das Messfeiern wenden, wenn man sich als Beobachter außerstande sieht zu wissen, *wie es ist,* die Messe zu feiern.

Um zu wissen, wie es ist, gewisse Dinge zu tun oder zu erleben, muss man diese Dinge dann eben tun oder erleben. *Dennoch ist keiner Messfeier ihr Rahmen äußerlich.* Denn zum Wissen darüber, was es heißt, eine Messe zu feiern, gehört notwendig, dass man sich über das, was man tut und erlebt, auch verständigt. Nur so beginnt man zu verstehen, was an dem, worüber man sich verständigen möchte, in seiner Bedeutung verständlich erst wird, indem man es tatsächlich tut und erlebt.

Und was für die Liturgie im kirchlichen Bereich gilt, das gilt, denke ich, ebenso für die Liturgie des Alltags. Was es heißt, dass es im

Leben auf die einfachen Dinge ankomme, weil sich in ihnen der Sinn des Lebens offenbare, lässt sich nicht allein dadurch verständlich machen, dass man lebt. Wir müssen gleichsam aus dem bloßen Leben heraustreten und uns in den Rahmen hineinbewegen, von dem aus wir über das Leben reden können. Wir müssen eine *begriffliche* Vorstellung davon erhalten, *was es heißt,* unser Leben zu leben.

Aber wir dürfen nicht glauben, dass wir vom Rahmen aus zugleich eine *richtige* Vorstellung davon erhalten, *wie es ist,* unser Leben zu leben. Das ist die philosophische Illusion, die sich bloß deshalb einstellt, weil wir als Philosophierende ja immer auch – das wäre wenigstens zu hoffen – lebendige Wesen sind, die durch alle Wechselfälle des Lebens hindurch nach dem Sinn ihres Lebens Ausschau halten. Nur so entsteht unter Umständen eine *begrifflich richtige* Vorstellung davon, was die *begrifflich uneinholbare* Seite der einfachen Dinge des Lebens bedeutet.

ENTTÄUSCHTER: Schön, ich bin nicht beleidigt. Aber könnten wir nicht endlich, ganz profan, über die einfachen Dinge des Lebens reden, statt uns in kapriziösen Argumentationspirouetten um uns selber zu drehen und darüber nachzugrübeln, wie es wäre, wenn wir uns endlich daranmachten, über die einfachen Dinge des Lebens zu reden?

LITURGE: Ganz profan ...? Weltlich, sozusagen nur weltlich? Was hätte es für einen Sinn, über die einfachen Dinge des Lebens ganz profan zu reden? Das im ganz profanen Sinne Einfache – ist das nicht der Urschrecken: das Fundament aller Bedeutungslosigkeit, die pure, nicht weiter durchdringbare Tatsächlichkeit; das Opake ohne Horizont, ohne Aufatmen; die Mechanik, die sinnlos immer weiter läuft wie das Universum, gedacht als Maschine, vom innerweltlichen Beginn an?

ENTTÄUSCHTER: Warum auf einmal gleich mit dem Hammer philosophieren, als ob die Welt nur aus groben, dummen Klötzen bestünde? Ist nicht auch der Regenbogen, der das Auge verzaubert und in so vielen Bedeutungen wie Farben schillert, der Regenbogen des Märchens, der Regenbogen der Jungverliebten, der Regenbogen über dem Dunst herbstlicher Felder, ein – wenn man will, weil einem nichts Besseres einfällt – Spiel des Opaken, bestehend aus Myriaden bedeutungsloser Tröpfchen im Licht? Ist nicht auch der fernwehtrunkene Horizont, über dem sich der Regenbogen als zarter, glänzender Schleier wölbt, eine Tatsachenkontur am Rande des Blickfelds, aus Fakten wie aus toten Klötzchen zusammengesetzt, deren jedes für sich nichts bedeutet? Es ist doch das dem sinnsüchtigen

Auge undurchschaubare Zusammenspiel an sich bedeutungsloser Elemente, das unsere Welt und unser Leben in ein Netz aus Illusionen einspinnt – ein im Übrigen wunderbares Netz voller Poesien, oder?

LITURGE: Wenn im Letzten oder Ersten nichts zu uns spricht, dann ist alles Weitere tot. Dann gibt es keine einfachen Dinge des Lebens, kein „Es ist, wie es ist, und es ist gut". Dann sind alle Poesien aufgeschminkter Schrott. Es wäre dann so, als ob der Priester eine Messe zu halten glaubte, aber in dem Moment, da er bei der Wandlung anlangt, welche die Gegenwart Jesu offenbaren soll, bemerken müsste, dass er nichts weiter als tote Dinge in Händen hält, über die sich bloß ein schöner falscher Schein des Lebens, gewoben aus dem liturgischen Ballett der Jahrhunderte, gelegt hat. Ein Priester, der *das* bemerken zu müssen glaubt, wird vielleicht nicht aufhören können. Er wird weitermachen wollen in dem Glauben, dass schon im Weitermachen an sich die Magie des Lebendigseins liege. Dieser Selbstbetrug wäre ihm nicht zu verübeln, dennoch wäre das alles dann ein Ausdruck tiefstmöglicher Trostlosigkeit: „Also weiter, immer weiter ..."

8.
BEI VERHÄNGTEN SPIEGELN

„Betrifft: 40j. Maturatreffen 31.05.2008. Liebe Kameraden, schon wieder sind 5 Jahre vorbei und das nächste Treffen steht vor der Tür. Franz (Mucki) St., Fritz L., Albin H. und ich (Baumi) haben sich Folgendes ausgedacht: Termin Samstag, 31.05.2008. Geplanter Verlauf: Aufstieg (für Fußmarode: Auffahrt) auf den Schlossberg, Spezialführung auf dem Schlossberg (1–1,5 Std.), Einkehr in einem Gastronomiebetrieb auf dem Schlossberg, Abstieg (Abfahrt für ...) und Fußmarsch zur Gösser, Abendessen und gemütlicher Ausklang in der Gösser. Fixpunkte: 15:00 Uhr, Treffpunkt Schlossbergplatz; 19:00 Uhr, Gösser-Restaurant. Liebe Grüße Euer Anton. PS: Tipp von unserem Polizeichef: Benützt öffentliche Verkehrsmittel!"

***

Auf dem Weg ins Badezimmer geht mir der Betrunkene nicht aus dem Kopf, der mir gestern, während ich meine Wohnungstüre aufsperrte, vom unteren Stockwerk aus durchs Stiegenhaus entgegenbrüllte: „Alle haben aufgegeben, alle!" Zunächst wusste ich nämlich nicht, was ich ihm antworten sollte. Aber dann, nachdem er sich übergeben hatte, fiel mir, wie ich dachte, die richtige Antwort ein: „Keiner, der noch lebt, hat aufgegeben." Worauf der Betrunkene mir schreiend erwiderte, nachdem er sich ein zweites Mal übergeben hatte: „Was wissen denn Sie schon!?"

Das hat mir zu denken gegeben. Was weiß ich denn schon? Als ich bereits dabei war, mich zum Schlafen herzurichten, hörte ich, dass der Betrunkene nicht aufhören konnte, sich zu übergeben. Früher hätte mich das seltsam berührt, „existenziell", als ob ich Zeuge der Selbstentäußerung eines Unglücklichen geworden wäre, der sich vergeblich bemüht hätte, seinen Lebens-Ekel aus sich herauszuwürgen. Aber heute denke ich leichthin bei mir: Er lebt ja, immerhin, und morgen ist auch noch ein Tag. Immerhin, das weiß ich, so wie ich vorm Schlafengehen wusste, dass die Schlaftablette, die ich einnahm, während der Betrunkene vor meiner Tür nicht aufhören konnte, sich zu übergeben, mir einen guten, tiefen Schaf bescheren würde.

Über die, die nicht mehr leben, lässt sich nur spekulieren. Vor dem Einschlafen grüble ich ein wenig. Ich grüble über das Leben nach, aber eigentlich döse ich. Ein guter Freund, Lungenfacharzt, verheiratet, zwei Kinder, ging erst jüngst aus dem Haus, pumperlgesund, wie man so sagt, nicht ohne seiner Frau einen Abschiedskuss zu geben, und kam nicht wieder. Er hatte seinen Wagen am Pannenstreifen der Autobahn abgestellt, dann gewartet, bis ein Laster daherkam, ein Monster von einem Sattelschlepper, um sich ihm vor die Räder zu werfen. Schwer zu sagen, ob mein Freund aufgegeben hatte. Es könnte sein, dass er seinen Kampf doch noch gewonnen hat. Einmal, nach einem Tag voller Lungenkarzinome, sagte er zu mir: „Der Sinn des Lebens ist der Tod." Ich sagte zu ihm: „Werd' nicht pathetisch."

Werd' nicht pathetisch, sagt man, um den anderen daran zu hindern, einen mit den wirklich wichtigen Problemen seines Lebens zu behelligen. Was könnte wichtiger sein als die Frage, ob der Sinn meines Lebens der Tod sei? Aber andererseits, was könnte belangloser sein? Denn angenommen, der Tod wäre der Sinn meines Lebens: Dann würde daraus vermutlich alles Mögliche folgen (ich habe keine Ahnung, was), nur nicht, dass ich mich auf der Stelle umbringen sollte. Oder?

Aus was immer folgt, dass man sich auf der Stelle umbringen sollte, es kann nicht daran liegen, dass der Tod der Sinn des Lebens ist. Weil nämlich die Frage nach dem Sinn des Lebens keinen Sinn hat, wie mir schon mein Philosophieprofessor am Gymnasium einhämmerte, der trotzdem – oder gerade deswegen – ein Büchlein über Thomas von Aquin geschrieben hatte. Als ich daraufhin meine bereits hochbetagte und wegen ihrer Hochbetagtheit immerfort missgelaunte Großmutter fragte, was ihrer Meinung nach der Sinn des Lebens sei, antwortete sie: „Mach aus einer Mücke keinen Elefanten!" Denn zum Leben fielen ihr stets Redensarten ein, was mich stets beruhigte.

Man sieht den Menschen nicht an, wogegen sie kämpfen oder wofür. Vom Ende aus gesehen merkt man keinen Unterschied. Kaum einen. Zumindest nicht aus großer Entfernung. Und die Entfernungen wachsen mit dem Alter rasch. Nicht nur die äußeren, auch die inneren. Ich schlief, nachdem ich meine Schlaftablette genommen hatte, so gut und tief, dass ich gar nicht merkte, wie mir beim Nachsinnen übers Leben die Nacht verging. Doch es gibt keinen Zweifel: Die Dunkelheit ist jetzt eine andere. Es ist die Dunkelheit des Morgens. Hinter meinen dicken Wollvorhängen ist es Tag geworden.

Vor dem endgültigen Erwachen dann der übliche Morgenalb-
traum. Tief drinnen brodelt man vor sich hin und draußen dehnt
sich alles, als ob es kein Ende nehmen wollte. Bis zum Badezimmer
ist es, vom Klosett aus gesehen, eine Ewigkeit. Man schreitet durch
dunkle Vorräume wie durch Schluchten und hält sich an Lichtschal-
tern fest. An der Decke flackern die Lampen, die man ausgeschaltet
hat, fort und fort. Ist das ein gutes Omen? Ein schlechtes? Solche
Fragen stellt man im Traum, bevor das Licht des Morgens einschießt
in den alten schmerzenden Kopf; man stellt sie, als ob von ihnen alles
abhinge, man weiß bloß nicht, was.

Das gute Omen, denkt der noch immer der Dunkelheit zugeneigte
alte Kopf, ist so gut oder schlecht wie das schlechte Omen. Die Zukunft, auf die es hindeutet, liegt hinter dir, vor dir liegt das Badezimmer, vor dem es kein Entrinnen gibt. Man schließt die Tür, man
verriegelt sie, man setzt sich auf den Badewannenrand. Man vergisst,
das Wasser aufzudrehen. Immer noch besser, denkst du später am
helllichten Tag, als vergessen zu haben, es abzudrehen.

Die Kinder sind längst aus dem Haus. Oder man hatte gar
nie welche. Dann ist es jetzt zu spät. Und das ist auch in Ordnung.
Man hatte andere Freuden. Reisen, Bücher. Und dann das viele
Glück im Unglück. Man sollte nicht undankbar sein. Es ist, wie es
ist. Es ist, wie es ist, und es ist gut. Philip Roth gelesen: Wohin das
Auge reicht, und das Auge reicht nicht weit, Herzinfarkte, Schlagan-
fälle, Krebs.

Richard Ford gelesen: Prostatakrebs. Daran stirbt man nicht
gleich, wird aber impotent. Das merken die Frauen und machen sich
besonders hübsch. Neue Zärtlichkeiten blühen auf, sie blühen um die
Zonen herum, die man nicht mehr berührt. Kaum waren die Kinder
aus dem Haus, gab es Intimzonen. Rumoren im Badezimmer. Man
hat begonnen, gerne bei sich selbst zu sein. Nicht immer für die anderen da. „Man war sein ganzes Leben lang da", sagen die Alten und
schauen zur Seite.

Deshalb geniert es ihn ein wenig, „ich" zu sagen. Ich, das klingt,
als ob man aufzeigen wollte. Er war Vorzugsschüler. Er hatte aufge-
zeigt. Die Kameraden hatten ihn dafür verachtet. Streber! Egal, das
Verachtetsein hat sich in Wohlgefallen aufgelöst. Oder besser: in
nichts. Er liest da und dort, er sei ein geachtetes Mitglied, von was
auch immer. Die eine oder andere Rede wird auf ihn gehalten, er
freut sich mit Anstand. Er sagt „Danke, danke" und „Zu viel der Ehre" und meint es so. Er meint es so, weil er weiß, dass es nicht darauf
ankommt.

Worauf es ankommt, ist, nicht aufzugeben. Alles, was er machte, wird bald vergessen sein. Er hat lichte Momente, die zugleich seine depressiven sind (seit Jahren nimmt er Antidepressiva): Nichts, was er schrieb, ist das Papier wert, auf dem es steht. Fast nichts. Eine zweite, verbesserte Auflage da, eine dritte, unverbesserte dort. Eine Übersetzung ins Bosnische, er kann kein Wort entziffern. Man muss das Positive sehen. Es ist etwas aus ihm geworden, kaum einem ist er ein Ärgernis, höchstens sich selbst, wenn er vergessen hat, seine Tabletten zu nehmen.

Er übt sich manchmal im „Ich"-Sagen. Vor dem Spiegel, mit abgewandtem Gesicht. Er sagt „ich" und kann sich dabei nicht ins Gesicht schauen. Sein Gesicht kam ihm immer vor, als ob sich damit nichts anfangen ließe. Als Halbwüchsiger war er ein fanatischer Spiegelschauer. Er konnte nicht genug davon bekommen, wie wenig da, im Spiegel, zu sehen war. Er mochte es anstellen, wie er wollte. Ob er seinen Scheitel links oder rechts zog, da blieb immer dieser eine Rest: Aus ihm würde sicher etwas werden, so oder so. „So oder so", das war der Rest, der jedes Mal blieb.

Aus den anderen ist ebenfalls etwas geworden. Sie alle waren beim vierzigjährigen Maturatreffen. Ich nicht. Ich kenne aber die Geschichten, stets gibt es einen, der die Geschichten der anderen erzählt. Weitererzählt. Es gibt den Weitererzähler, so wie es den Kartenentwerter gibt. Familien, Kinder, Häuser, Scheidungen, spätes Glück, alles entwertet der Weitererzähler. Nur den nicht, der riecht. Das ist der, den man nicht riechen kann. Sozusagen. Über den man am besten gar nichts sagt. Und heuer rochen mehr als einer beim Maturatreffen. Und einer hat es zugegeben: Er hatte einen künstlichen Ausgang. Man hatte ihm ein Stück Darm herausgeschnitten. Doch keine Sorge, alle haben getan, als ob sie nichts gehört hätten. Und es ist ja nicht für immer. Ausgänge werden wieder geschlossen, das ist Routine.

Es ist, wie es ist, und es ist gut. Routine. Das beginnt beim Aufstehen. Drei Tabletten gegen die Osteoporose, zwei gegen das Cholesterin, eine gegen die Schilddrüse. Und einige gegen einiges, an das man sich im Moment nicht erinnern kann. Egal, es *muss* weitergehen, denn es *geht* weiter. Ich stelle mir vor, wie alle aufgegeben haben, nur ich nicht. Nicht ich. Keiner nimmt mehr seine Tabletten, nur ich nehme meine. Diese Vorstellung ist derart lächerlich, dass ich mich wieder daran erinnere, wofür die Tabletten sind, die ich gerade geschluckt habe. Sie sind gegen das Vergessen.

***

Beim vierzigjährigen Maturatreffen, zu dem ich nicht hinging, weil ich darauf vergessen hatte, ist dann, zu guter Letzt (haha), noch einer kollabiert. Erfolgreicher Investmentbanker, praktisch zu hundert Prozent im Frühruhestand, wo er, um sich zu beschäftigen, seit einigen Wochen einen Seniorensommelierkurs absolvierte. Er konnte bereits drei Dutzend Weinsorten befunden. Er konnte sagen, wie sie im Gaumen erblühen. Nächste Woche sollte der Abgang geübt werden. Und plötzlich, zack, der Zusammenbruch.

Heute bin ich ihm begegnet. Zufällig. Man sagt, je älter man wird, umso weniger Zufälle gibt es. Alles soll schließlich eine Bedeutung haben. Nichts soll vergebens gewesen sein. Deshalb, beim Sterben, der Tunnel und das Licht am Ende. Im Tunnel wird einem alles klar. Und das Licht ist die Liebe, nicht der Tod. Man wird sterben, man wird sehen. Wie auch immer, dem, der beim vierzigjährigen Maturatreffen kollabierte, geht es, als ob nichts gewesen wäre. Und war denn etwas? Eine Unpässlichkeit vielleicht. Vorübergehend. Er übt jetzt den Abgang. Sein Motto: Im Abgang zeigt sich, ob einer wirklich etwas taugt.

Warum ich nicht beim vierzigjährigen Maturatreffen gewesen bin? Was soll ich sagen, also sage ich, dass ich noch bei keinem Maturatreffen war. Das ist immerhin die Wahrheit. Ich gehe zu keinem Maturatreffen, ob ich es vergessen habe oder nicht. Gut, sagt der Seniorensommeliersanwärter, sehr gut, man muss am Bewährten festhalten, sonst geht alles die Gurgel hinunter. „Den Bach", sage ich, „es heißt: Sonst geht alles den Bach hinunter." Ach herrje, sagt er und macht ein gurgelndes Geräusch (Kehlkopfkrebs?), er denkt eben im Moment nur in Abgängen. Wir verabschieden uns mit der Aussicht, uns beim nächstjährigen Maturatreffen wiederzusehen. Er geht ab, ich bleibe zurück.

Das ist natürlich nur eine Redensart: Die anderen gehen ab, man selbst bleibt zurück. „Die Bühne des Lebens." Doch je älter man wird, umso genauer treffen die Redensarten zu. Was du heute kannst besorgen, das verschiebe nicht auf morgen. Die Zeiten, als es noch Spaß machte, etwas auf morgen zu verschieben, sind vorbei. Morgen ist auch noch ein Tag. Heute weiß man, dass das kein Grund ist. Weder ein Grund, etwas zu verschieben, noch, es nicht zu verschieben.

In gewisser Weise kommt es nicht darauf an, was geschieht oder nicht geschieht. Und in gewisser Weise kommt es nicht einmal darauf an, dass es nicht darauf ankommt. „In gewisser Weise", das beunruhigt mich, dahinter könnte etwas stecken, was ich, begriffsstutzig geworden, nicht zu fassen vermag: ein Stolperstein der Routine. Im

Moment schmerzt mich mein Oberschenkelhalsbruch, den ich mir vor zwei Jahren zugezogen hatte, als ich mir – ha, die Bühne des Lebens! – dachte, es sei in gewisser Weise belanglos, ob ich mich auf der letzten oder vorletzten Sprosse der Leiter befände, von der ich gerade heruntersteigen wollte.

Worauf kommt es also an? Darauf, nicht aufzugeben. Jedenfalls ist es das, was ich höre, und ich höre nicht viel. Einerseits höre ich das Geräusch in meinen Ohren, ich glaube, dafür gibt es einen medizinischen Fachausdruck (es gibt ja für immer mehr Geräusche in mir einen medizinischen Fachausdruck). Andererseits höre ich die anderen, die es gut mit mir meinen. Sie meinen es mit mir wie mit sich selbst, und das ist nicht wenig: Nicht aufgeben! Darauf komme es an, alles Weitere sei dummes Gerede. Stolpersteingerede. Zum Beispiel das Gerede vom Sinn des Lebens. Oder das Gerede vom Verändern der Gesellschaft, die am Klimaabgrund stünde. Oder das Gerede von der vorletzten Sprosse, die so gut sei wie die letzte.

Überall sei Abgrund, sagen mir die Gutmeinenden, und jeder Abgrund rufe immer nur nach sich selbst. *Abyssus abyssum invocat,* so der Psalmist. Und hat er nicht Recht? Versuche, etwas zu ändern, und der Teufel hat dich geschluckt. Der Teufel, der dein Gesicht, dein altes, schrumpeliges Gesicht in den Spiegel hineindreht, in dem du sehen kannst, worin der Sinn deines Lebens besteht: Da, da, da!

Der Sinn des Lebens ist der Tod. Das ist es, was mir auf dem Weg vom Klosett zum Badezimmer einfällt, das dumme Gerede meines toten Freundes, des Lungenfacharztes, der sein Leben wegwarf, hin vor die Räder eines Sattelschleppers. Ich muss den Lichtschalter zweimal umdrehen, einmal nach vorne und dann wieder zurück, ein kleiner Fehler in der Mechanik. Dann hört das Flackern auf und es wird dunkel und ich komme ungeschoren am Vorzimmerspiegel vorbei. Den Spiegel im Badezimmer habe ich mit einem Handtuch verhängt, das mir, wie mir jedes Mal zu spät einfällt, unterm Hintern abgeht, wenn ich mich auf den kalten Badewannenrand setzen will, der emailliert ist wie der Drehknopf meines Lichtschalters.

Man kann nicht alles haben. Wenn man nicht aufgeben will, kann man nicht alles haben. Also weiter in der Morgentoilette. Doch noch während ich es schaffe, die Klinke meiner Badezimmertüre niederzudrücken, ohne dass sie mir aus den morgensteifen Fingern gleitet, die vom Klosett klitschnass sind, fällt mir ein, dass ich ein zweites Handtuch aus dem Wäscheschrank nehmen könnte. Dann nämlich könnte ich bei verhängtem Badezimmerspiegel auf dem Badewannenrand mit untergelegtem Handtuch sitzen. „Rette deinen Arsch, bevor dein Arsch dich retten muss", riet mir einmal mein Proktologe und lachte dabei sein typisches Proktologenlachen.

Mir fällt ein: Niemand kann so lachen wie ein Proktologe, schon gar nicht ein Lungenfacharzt nach seinem tausendsten Lungenkarzinom. Lungenfachärzte, die ihre Patienten nach Luft ringen sehen, als ob es um ihr Leben ginge – und es geht ja um ihr Leben –, lachen, als ob es dazu keiner Luft bedürfte, nur einer Leichtigkeit des Seins. So wie man im Hause des zum Strick Verurteilten nicht vom Fallgesetz redet, sondern vom schwerelosen Flug der Vögel. Wer hingegen täglich mit Hämorrhoiden, Stuhlinkontinenzen, Einrissen der Anusschleimhaut, Mastdarmvorfällen, Analabszessen, Feigwarzen, Hautlappen am After und malignen Rektalgeschwüren zu tun hat, dessen Blick auf die Menschheit ist prinzipiell heiter: Von unten und hinten betrachtet, erledigen sich die meisten der sogenannten existenziellen Fragen. „Rette deinen Arsch!" Das ist es, das war's.

Gesagt, getan. Aufgeben kommt nicht infrage. Ich mache kehrt, auf dem Absatz, wie man so sagt. Da ich barfüßig bin, habe ich keinen Absatz. Und doch kann man sagen: „auf dem Absatz kehrtmachen". Das rührt mich fast zu Tränen. Ist das nicht kindisch? Nein. Denn aus der Redensart spricht etwas zu mir. Etwas beruhigend Anonymes. Viele, die ich nicht kenne, sprechen zu mir, ohne mich zu belästigen. Sie sind um mich herum, sie lassen mich barfüßig auf dem Absatz kehrtmachen, als ob ich einer von ihnen wäre.

Umgeben von einer hilfreichen Schar Namenloser, die aus dem Klang einer abgedroschenen Redensart zu mir herabgestiegen sind wie aus einer äolischen Wolke (komisches Bild, erstes Anzeichen von Altersmanie?), mache ich mich entschlossen auf den Rückweg. Nur Mut, es wird kein langer Gang durch die Dunkelheit, denn der Wäscheschrank steht gleich gegenüber dem Lichtschalter, den nicht zu betätigen ich mir fest vorgenommen habe. Einfach so. Aus einer Laune des Schicksals heraus, ich könnte glatt übermütig werden und mir selber gratulieren (Altersmanie?).

Einfach so. Ich mochte Gespräche über das Schicksal eigentlich nie. Denn, erstens – so mein Argument zu Zeiten, in denen es mir noch darauf ankam, meinen Standpunkt durch Argumente zu untermauern –, es gibt kein Schicksal. Schicksal ist Mythos und Mythos ist Wahn. Und dann jedoch, zweitens, wer ein Schicksal hat, ist entweder ein Liebling der Götter oder er hat bereits aufgegeben. Aber die Götter sind tot.

„Es ist mein Schicksal, dumm zu sterben." Das bekam ich zu hören, als ich den armen Jungen, der in den letzten Zügen lag, im

Krankenhaus besuchte. Er hatte keinen Pflichtschulabschluss. Der Sohn einer Verwandten, die nicht aufhörte zu schreien, dass sie Gott verfluchen würde, wenn es ihn gäbe. Ich hatte den Jungen gerne. Er war eine zarte Seele, die von Drogen ins Labyrinth des Minotaurus geführt worden war. Kein Ariadnefaden, Aids. „So ein Unsinn", herrschte ich den Jungen an, „niemand braucht dumm zu sterben!" Dann stürmte ich aus dem Krankenzimmer, um mir unten, in der Anstaltstrafik, eine Riesenkreuzworträtselsammlung samt einem Kreuzworträtsellexikon zu besorgen. Dann wieder zurück, drei Stockwerke hinauf, mir kam vor, ich müsste dem Schicksal, das schon die Schere an den Lebensfaden gelegt hatte, in den Arm fallen.

Dem Schicksal in den Arm fallen, ha! Schlechtes Bild, widerliches Pathos. Als ich ins Zimmer stürmte und dem armen Jungen meine Mitbringsel unter die Tuchent stopfte – mit den Spindelfingern an seinen dürren Händen konnte er nur noch seitlich am Leintuch zupfen –, da sah er mich wässrig an und gab ein rasselndes Geräusch von sich, das wohl ein Lachen hätte sein sollen, und krächzte: „Jetzt sterbe ich also doch nicht dumm." Und als er gleich darauf starb, wurde mir klar, dass er mir eine Lüge aufgetischt hatte. Um mich nicht zu beschämen, hatte er im Abgang so getan, als ob ich das letzte Wort hätte. Seither weiß ich, dass kommen kann, was will, eine Schicksalslawine, ein Schicksalsberg, ein Schicksalskontinent. Sie alle mögen mich unter sich begraben, aufgeben werde ich nicht.

Irgendwo habe ich bei Handke eine Bemerkung über die täglichen Zeitungskreuzworträtsel gelesen, die halb gelöst auf den Wirtshaustischen neben vollgerauchten Aschenbechern liegen bleiben, während es noch früh am Vormittag ist: Die ganze Lustlosigkeit der ganzen Menschheit am Existierenmüssen schien mir in diese Bemerkung hineingepackt. Es war sie – sie fällt mir beim Anblick von Kreuzworträtseln zwanghaft ein –, weshalb ich mich dazu erniedrigte, dem armen Jungen die Riesenkreuzworträtselsammlung, die ich ihm samt dem Kreuzworträtsellexikon unter seine Tuchent gesteckt hatte, wieder wegzunehmen, bevor eine Krankenschwester den Leichnam fand. Bei mir zu Hause angelangt, löste ich, begraben unter meiner Scham, Rätsel um Rätsel, eines nach dem anderen. Ich wurde der Sache überdrüssig, ich machte weiter. Dank des Rätsellexikons blieb kein Wortkästchen offen. Es dauerte Tage. Es wurde meine Zeremonie des Abschieds: „Poetisch für Adler", drei Buchstaben.

Dass ich aus einer Laune des Schicksals heraus etwas tun könnte, ist, wörtlich genommen, hässlicher Unsinn, kein göttlicher Funke, nicht wie Aphrodite aus dem Schaum geboren, sondern aus dem sklerotischen Morast meiner Neuronen. Nun aber will ich kein Licht machen, im Dunkel verweilen: „aus einer Laune des Schicksals heraus". Das ergäbe einen Sinn nur, wenn ich ein Schicksal wäre, mein eigenes Schicksal, sozusagen, was ich nicht bin. Nicht aufzugeben heißt, kein Schicksal zu sein, nicht einmal sein eigenes. Nicht aufzugeben heißt, den Lichtschalter zu betätigen, um nicht in der Dunkelheit über die eigene Barfüßigkeit zu stolpern. Denn – Redensart! – Übermut tut selten gut. Da fühle ich einen Funken Übermut in mir, geradewegs so, als ob ich aus einer Laune des Schicksals heraus im Licht stehen wollte. Barfüßig strecke ich meine Hand nach dem Lichtschalter aus. Will ich aber nicht.

Es klingelt an meiner Wohnungstüre. Ich sage „Herein!", denn meine Türe ist nicht verschlossen. Wer weiß, vielleicht kommt noch was? Herein kommen zwei ältere Männer. Es stellt sich heraus, dass es Franz und Hubert sind: „Kennst uns nimma, mia san Franzi und Hubsi." So stehe ich also vor Franzi und Hubsi, barfüßig, die Hand am Lichtschalter. Franzi und Hubsi sind zwei Schulkameraden von einst, beide kerngesunde, quietschfidele Pensionisten. Sie haben sich bereiterklärt, als Emissäre des einundvierzigjährigen Maturatreffens bei mir „auf einen Sprung vorbeizuschauen". Eilig haben sie es immer, egal, dieses Mal soll ich der Klassengemeinschaft – Achtung: Redensart! – nicht durch die Lappen gehen.

Meine Hand schwebt über dem Lichtschalter, doch der Funke meines Übermuts ist erloschen. Franzi und Hubsi, die sich langsam an die Dunkelheit meines Vorzimmers gewöhnen, wetzen glucksend um mich herum. Sie wühlen der guten alten Zeiten wegen in einem Dialekt, der nicht ihnen, den feinen Bürgerpinkeln, sondern mir in die Wiege gelegt wurde: „Guat schaust aus, host an draufgmocht in da letztn Nocht, gib's zua!" Sie bestaunen meinen Lichtschalter mit dem emaillierten Drehknopf. „Design aus Italy, eh kloa", fachsimpelt Franzi. „Owa na, von da Oma", feixt Hubsi. Franzi war, wie sich herausstellt, Innenausstatter, spezialisiert auf italienisches Design. Hubsi erbte Omas Altbauwohnung, nicht ohne sie gleich von Franzi neu ausstatten zu lassen. Alles Emaillierte („oids Graffl") musste raus, Franzi baute es bei seinen designbewussten Klienten wieder ein. „Traditionsbewusst", sage ich, um irgendetwas zu sagen, aber Hubsi, der auf eine Klagenfurter Universitätskarriere als Kulturwissenschaftler zurückblickt, sagt plötzlich in lupenreinem Akademikerdeutsch: „Das Design hat die Tradition ersetzt." Und verbessert sich und sagt statt „ersetzt" „rekonstruiert", und verbessert sich wieder und sagt statt „rekonstruiert" „dekonstruiert". Das war's, dekonstruiert. Wir

stehen im Dunkel meines Vorzimmers. Zu sagen haben wir uns
nichts mehr, ich brauche kein Licht zu machen.

Nicht ich bestimme die Launen des Schicksals. Deshalb verpreche
ich Franz und Hubert, zum nächsten Maturatreffen „bestimmt" zu
kommen. Und während sich meine Wohnungstüre hinter ihnen
schließt, höre ich sie das Stiegenhaus hinunterfeixen. Was sollte sie
daran hindern, einen draufzumachen? „Es ist nie zu früh, um einen
draufzumachen", hat mir bei meinem letzten Apothekenbesuch ein
Morgenschwärmer erklärt, der sich ungeniert mit Kondomen und
Viagra eindeckte. „Ich bin Generation Sechzig-plus, müssen Sie wissen, ein Bombenkellerkind", vertraute er mir mit einem Freimut an,
wie er nur unter Fremden möglich ist, und zeigte sich erleichtert darüber, dass man sich heutzutage vierundzwanzig Stunden am Tag erleichtern kann.

„Also vorwärts!" Und schon habe ich mir ein frisches Handtuch
aus meinem Wäscheschrank geschnappt. „Alles kehrt!" Lichtschalter.
„Nicht angerührt!" Vorzimmerspiegel. „Weggeschaut!" Die Badezimmertüre steht einen Spalt offen, ich öffne sie barfüßig. „Autsch!"
Und weiter, immer weiter. Endlich der Badewannenrand. „Endstation!" Wäre ich ein Dichter, käme mir in den Sinn: Endstation Sehnsucht (haha). Ich fahre mit meiner freien Hand über den Badewannenrand, um die richtige Platzierung für mein Handtuch zu finden.
Keine große Sache, nicht wahr? Ich setze mich vorsichtig auf den mit
meinem Handtuch bedeckten Badewannenrand unter meinem verhängten Badezimmerspiegel. Wäre ich ein Dichter, käme mir in den
Sinn, dass ich, so wie ich dasitze, „in die Dunkelheit lausche". Ich bin
kein Dichter, ich tue bloß so, als ob ich in die Dunkelheit lauschte,
während ich mich ein wenig ausraste. Ich raste mich ein wenig aus,
bevor ich mich an meine Morgentoilette mache. Ob Franzi und
Hubsi gerade dabei sind, einen draufzumachen?

Ich stelle mir vor, wie Tausende alter Männer in der Stadt jetzt auf
dem Rand ihrer Badewanne sitzen und sich noch ein wenig ausrasten,
bevor sie ihre Morgentoilette beginnen, und wie ihnen dabei eine
Redensart in den Sinn kommt, die sie weiter- und weitermachen
lässt: Wer rastet, der rostet. Und wie die alten Männer sich dann vor-
nehmen, alles nachzuholen. Und wie sie dann aber keine Ahnung haben, was genau das sein könnte, das nachzuholen sie sich vorgenommen haben.

Ich beginne, während es mir dank des Handtuchs unter meinem
Hintern wohlig warm wird, nachzusinnen. Über alles und nichts.
Aber nicht lange. Denn je wohliger mir wird, umso leichter wird mir

die Dunkelheit. Es gibt nichts nachzusinnen, weil es nichts nachzuholen gibt. Auch mein einundvierzigjähriges Maturatreffen werde ich bald vergessen haben. Aber vorher noch ein wenig ausrasten. Nachdem mich mein Morgennickerchen auf dem Badewannenrand erfrischt haben wird, werde ich erwachen, als ob nichts passiert wäre. Kein vierzigjähriges, kein einundvierzigjähriges Maturatreffen.

***

Ja, so wird es sein. Nichts wird passiert und doch wird alles erledigt sein. Aber vorher noch ein wenig ausrasten. Und dann weiter, immer weiter!

9.
REFLEXIONEN AUF DEM BADEWANNENRAND

Beim Lesen des Wittgenstein'schen Satzes, wonach diejenigen, die den Sinn ihres Lebens gefunden hätten, dann nicht sagen könnten, worin er bestünde, stellt sich unweigerlich die Frage: Ja, und wenn sie ihn gefunden haben und dann nicht sagen können, worin er besteht – was dann? Wir wissen, dass Wittgenstein sagen wollte, dass dann *alles* gleich bleibe: Dass alles so bleibe, wie es sei. Dass das Leben weitergehe, als ob nichts geschehen wäre. Denn der Sinn des Lebens sei kein Rätsel, das sich lösen ließe. Er sei nichts, was sich innerhalb des Lebens, als Teil dieser unserer Welt, ausdrücken ließe.

Aber, und auch das wollte Wittgenstein sagen, vom Standpunkt desjenigen aus, der den Sinn seines Lebens gefunden habe, habe sich *alles* geändert. Für ihn sei die Welt eine andere geworden. Sozusagen. Es sei, als ob die Welt als Ganzes zu- oder abgenommen hätte. Wie auch die Welt des Glücklichen, sagt Wittgenstein – und will damit sagen, die Welt als Ganzes betrachtet, also so betrachtet, wie sie sich sinnvoll nicht betrachten lässt –, eine andere sei als die des Unglücklichen.[11]

Was gibt es Abgeschmackteres als derlei Weisheiten des höheren Unsinns …?, fragt der liturgisch Ernüchterte.

… ein in sich verkapseltes, opakes Leben, ohne Gespür dafür, dass es die Weisheiten des höheren Unsinns sind, die uns auf der immerhin möglichen Höhe unseres Menschseins, auf der Höhe des Begriffs, aus der Höhle der verhängten Spiegel heraus- und ins Licht des Höheren treten lassen, antwortet der Liturge des Alltags, und er fügt, nicht ohne einen gewissen Unterton, hinzu: *Also weiter, immer weiter!*

Ich aber, dem höheren Unsinn ergeben, habe mich oft gefragt, ob die Erkenntnis des Sinns des Lebens nicht eigentlich damit einhergehen müsste, dass man zum Stillstand kommt: Man hört einfach auf weiterzumachen. Man hält inne. Und siehe da, man bemerkt plötzlich, es gibt keinen Grund mehr, vom Innehalten abzulassen.

Vergessen wir nicht, dass der Sinn des Lebens nichts Bedingtes sein kann. Er kann nicht davon abhängen, dass mir im nächsten Moment etwas Hässliches zustößt, etwas, was nicht in mein Leben passt. Ich rutsche auf einer Bananenschale aus und breche mir das Bein. Ich schlage meinen Nachbarn, der mich seit Jahren ärgert, die

Nase blutig. Ich sterbe. Das alles sind bloß Kontingenzen: Zufälle, Nebensachen, Missgeschicke, Störungen meines neuronalen Systems. Nichts von all dem vermöchte etwas am Sinn meines Lebens zu ändern. Der Sinn des Lebens ist nichts oder er ist absolut. Angenommen also, ich hätte den Sinn *meines* Lebens gefunden – warum dann noch einen Moment lang weitermachen?

Würde nicht auch eine Uhr, die das Wesen der Zeit erkannt hat, augenblicks stehen bleiben? Warum anzeigen, was sowieso *da* ist und *vergeht*, egal, ob sich die Zeiger bewegen oder nicht? Darauf ließe sich immerhin erwidern, dass eine Uhr eine Uhr nur ist, solange sie die ihrer Bestimmung entsprechende Aufgabe erfüllt, nämlich, die im Vergehen daseiende Zeit anzuzeigen.

Und sollte der unwahrscheinliche Fall eintreten, dass die Uhr über ihre Bestimmung nachzudenken imstande wäre, dann müsste sie zu demselben Ergebnis gelangen: Würde sie stillzustehen beginnen, weil sie dächte, das Wesen der Zeit erkannt zu haben, wäre das gleichbedeutend damit, ihr *eigenes* Wesen zu verfehlen.

Und gehört es nun aber nicht auch zum Sinn des Lebens, dass man ihn nicht zu erkennen vermag, indem man, nachdem man ihn erkannt zu haben glaubt, statt weiter- und weiterzumachen, einfach innehält? Wer, statt weiterzumachen, einfach innehält, nachdem er glaubt, den Sinn seines Lebens erkannt zu haben, wird im Augenblick des Innehaltens erkennen müssen, dass er sich täuschte: Indem er innehielt, glaubte er vielleicht einen Moment lang, den Sinn seines Lebens erkannt zu haben, während doch der Moment, der ihn glauben machte, schon wieder vorbei gewesen ist. Und eigentlich hatte sich dieser Moment nie ereignet.

Aber – Wesensdialektik des höheren Unsinns – es müsste sich, nachdem ich meinem Nachbarn, der mich seit Jahren ärgerte, womöglich nicht nur seine Nase blutig, sondern ihn schuldhaft selber totschlug, herausstellen, dass sich der Sinn meines Lebens fortan *verfinstert*. Das müsste sich herausstellen, wenn die metaphysische Uhr, die Sinn-meines-Lebens-Uhr, richtig ginge. Geht sie richtig, dann ist sie im Moment des Verfinsterungsereignisses stehengeblieben. Mag der Sinn meines Lebens, vom Standpunkt Gottes aus gesehen, anwesen wie eh und je – alles ist Teil der Schöpfung, auch, *mysterium mysteriorum,* das Böse –, so müsste ich doch fortan als Sinnverfinsterter leben: Wesensdialektik der höheren Gerechtigkeit.

In der christlichen Liturgie gilt: Jesus wird als bedingungslos anwesend nur unter der Bedingung erfahren, dass sich der Priester nach dem Regelkanon der Messfeier verhält und nicht, Gott behüte, den

Teufel beschwört oder liturgisch Free Jazz spielt. Ebenso ist die Erfahrung der Anwesenheit des Sinns des Lebens als etwas Absolutes, Unbedingtes, an die Bedingung gebunden, dass man sich im Leben so verhält, wie man sich verhalten *sollte*. Ich will es das *alltagsliturgische Grundprinzip* nennen: Die Uhr, die stehenbleibt, ist einfach stehengeblieben; die Zeit ist im Vergehen weiter da, aber die Uhr zeigt sie nicht mehr an …

Und je älter man wird, das sei dem Vogel Jugend ins Stammbuch geschrieben, umso mehr drängt sich einem durch alle Altershindernisse, Altersleiden, Altersbanalitäten auf, es gehe einfach darum weiterzumachen. Einfach. Und so gut es eben geht: Weiter, immer weiter! Und das eben, diese Veräußerlichung des alltagsliturgischen Grundprinzips, ist der eigentliche Schrecken des Alters; und dabei sein letztmöglicher Halt und Trost.

Der Kirchgänger, der schon längst nicht mehr glaubt, stattdessen nur hofft, die Erinnerung an die Zeit, als er noch glauben konnte, in sich wachzurufen, kennt diese Veräußerlichung. Er kennt sie am besten aus der Messfeier: das Kreuz schlagen, niederknien, aufstehen, Gebete murmeln, das Gotteslob summen (Lied Nummer so und so), die Zunge herausstrecken, dem Gemurmel des Liturgen lauschen, das Ankleben der Hostie am Gaumen ignorieren, Amen und Ende. Vergelt's Gott!

Nein, Amen und kein Ende. Kein Ende, auch keines mit Schrecken: das, diese Schreckenlosigkeit in der Veräußerlichung des liturgischen Grundprinzips, ist der Schrecken des Durchhaltenwollens, dessen Wollen sich darin erschöpft, durchhalten zu wollen.

Aber da ist auch eine Würde, beharrt der Liturge des Alltags gegen den Schrecken der Schreckenlosigkeit: *Wer durchhält, hat nicht aufgegeben, und wer nicht aufgegeben hat, der legt Zeugnis ab – Zeugnis davon, dass da, einst, etwas war, wofür es sich lohnte, weiter- und immer weiterzumachen, mag auch nichts geblieben sein als die Geste des Zeugnisablegens selbst. Sie ist es, auf die es nun ankommt.*

Oder täusche ich mich bloß, weil ich immer öfter spüre, zum Beispiel jetzt, während ich diese Sottisen denke, wie mich die *Geste* des Fort- und Fortdenkens zunehmend überwältigt? Glaube ich wirklich noch, denkend etwas Unzerstörbares freilegen zu können? Oder mache ich nur weiter und weiter, weil mich die Mechanik des Denkens mit der Illusion ausstattet, mit einer allerdings zunehmend platter und platter werdenden Illusion, im Akt des Denkens selbst liturgisch produktiv sein zu können: mich einfach durchdenken zu können bis an den Punkt, wo nichts mehr den Sinn meines Denkens infrage zu stellen vermöchte? Wo es dann nur noch die Geste des Fort- und

Fortdenkens wäre, auf die es ankäme, einfach diese Endlosgeste zwischen Morgentoilette und Abendgebet?

Kein Zweifel, je älter man wird, umso wichtiger werden die Routinen, die man einfach durchläuft. An ihnen ist unsere Seele vor langer Zeit festgewachsen. Sie sind es am Schluss, die unserer alten Seele eine gewisse, starr verwackelte Form geben.

Das ist Alltagsliturgie, sagt der Liturge des Alltags, *die Zeremonie des Aufstehens am Morgen, des Teetrinkens am Nachmittag, des Zärtlichseins und Einander-Liebens, des Einschlafens. In all diesen Routinen, Ritualen, Riten mit all ihren Gerüchen, Schattierungen, Bewegungen steckt eine Tiefe, die unzerstörbar ist. Aus der Tiefe des eigenen Lebens, aus der Tiefe der Zeiten, um mit Heimito von Doderer zu sprechen, steigt die Ahnung von etwas Gültigem, ja Notwendigem auf, an dem der Verfall des eigenen Körpers und der Erinnerung nichts zu ändern vermag: „Geborgenheit im Schlechten", das Gefühl, dass dir nichts mehr passieren kann, was immer dir auch passieren mag. Ich meine nicht jene Art von Notwendigkeit, die sich in der Mechanik des bloßen Getriebenseins erschöpft. Ich meine vielmehr, dass das, was du tust, dir als Mitvollzug der Schöpfung gegenwärtig wird – ich setze das Wort im regelrecht biblischen Sinne hierher* (und wieder dieser gewisse Unterton, wie ein Augenzwinkern, aber dieses Mal, als ob hinterm heiteren Lidschlag der Schatten eines schweren Flügels bemerkbar würde), *mit der ganzen Wucht der darin beschlossenen Metaphysik.*

Warum sollte ich schwächere Worte wählen? Bei den einfachen Dingen des Lebens geht es um den Mitvollzug der Schöpfung. Im Vollzug der einfachen Dinge des Lebens sollten wir uns als Geschöpfe erfahren, die darauf vertrauen, dass in dem, was sie tun, Absolutes mitschwingt, weil das, was sie tun, an der Schöpfung teilhat. Dadurch erst rücken unsere Taten und die Dinge, die aus ihnen hervorgehen, in das Licht einer Zeitlosigkeit, die über ihre flüchtigen Bedeutungen den Schein der Unvergänglichkeit legt. So also, als geschöpflich den Dingen der Welt Zugetane, tun wir, was wir tun, in einer liturgischen Haltung, auch wenn es sich nur darum handelt, eine Teetasse mit Tee zu füllen oder ein Kaffeehäferl abzuwaschen.

Tun wir es nicht in dieser Haltung – und wir tun es nur selten so, weil wir zu abgelenkt, zu eingespannt, zu müde oder exzentrisch sind –, dann nimmt das Äußerliche überhand. Unser Inneres verliert dann seinen Mittelpunkt und hat keinen Horizont mehr. Aus den einfachen Dingen des Lebens wird eine Ansammlung von Fakten und Regeln, ein Faktentrümmerhaufen, der durch Gewohnheiten und Redensarten zusammengehalten wird. Da ist dann bloß noch der Schein eines Mehrwerts an Bedeutung: Alles ist, wie es ist; nichts ist mehr, als es ist, und dadurch weniger.

Wir wandern dann durch die eigene Wohnung wie durch eine Marslandschaft, deren Winkel wir bis in die letzten Ritzen kennen. Die Vertrautheit, die uns allüberall entgegensteht, macht uns gerade zu Hause zu den Allerfremdesten. Denn im Unterschied zu den leblosen Dingen, zwischen denen wir uns geborgen fühlen sollten, haben wir ein wie immer auch betäubtes Geschöpflichkeitsbewusstsein. Deshalb erfahren wir unser Betäubtsein, unsere Schwäche und Müdigkeit, als einen unrechten Zustand des Nichteinbezogenseins.

Die Uhr, die das Wesen der Zeit erkannt hat, kann nicht stehenbleiben wollen. Denn das Wesen der Uhr ist es, die Zeit anzuzeigen. Und die Zeit bleibt nicht stehen. Also weiter, immer weiter ... Das ist ein Gleichnis, aber es hat einen Haken. Solange die Uhr *richtig* geht, zeigt sie die Zeit an. Indem sie die Zeit anzeigt, wird sie ihrer Bestimmung gerecht. Was aber, wenn die Uhr falsch geht oder, schlimmer noch, gar nicht? Das, so ließe sich fortfahren – während wir die Uhr um des Gleichnisses willen abermals mit Bewusstsein und Verstand begaben –, kümmert die Zeit wenig, die Uhr hingegen schon! Denn wie könnte eine falsch gehende Uhr das Wesen der Zeit richtig erkennen? Und eben dies ist nun die Pointe des Gleichnisses: Auch eine falsch gehende Uhr kann wissen, dass es die Zeit ist, auf die es ankommt; aber indem die Uhr falsch geht, kann sie sich keine richtige Vorstellung vom Wesen der Zeit machen, vor allem dann, wenn sie nicht bloß falsch, sondern gar nicht geht. Die einzige Möglichkeit der Uhr, sich eine richtige Vorstellung vom Wesen der Zeit zu machen, ist es, die Zeit richtig anzuzeigen.

Was bedeutet das für den Sinn unseres Lebens? Dass es uns nicht hilft, immer bloß weiter- und weiterzumachen. Die Uhr darf hoffen, dass der Uhrmacher kommt und sie richtet. Im Gegensatz dazu sind wir kraft unserer Freiheit auf uns selbst gestellt.

Heißt das, gleichnishaft gesprochen, es gibt für uns keinen Uhrmacher? Nein, das heißt es nicht. Aber es heißt doch, dass sich die Frage, ob es einen Uhrmacher gibt, von unserer Warte aus nicht anders beantworten lässt als dadurch, dass wir, die besorgten Einzelnen, danach streben, *richtig zu gehen*. Auch der, der bloß immer weiter- und weitermacht, mag an die Existenz des Uhrmachers glauben. Sein Glaube ist dann aber nur einer dem Namen nach. Er ist einer, der so funktioniert wie die Redensarten, die man ständig wiederholt, um dem Gefühl des Totseins ein Geräusch entgegenzusetzen, von dem man weiß, dass es allgemein als Ausdruck des Lebendigseins gilt.

Wie könnte, wendet der liturgisch Enttäuschte ein, indem er das Gleichnis gleichsam wegwischt, *jemand auch nur versuchen, „richtig zu gehen", wenn er keine verbindliche Regel kennt? Der Sinn des Lebens hat keine Regel. Und die Rede von den einfachen Dingen des Lebens ist Gerede, das bloß eine Regel vortäuschen soll. Zu leben heißt ja nicht, eine Messe zu feiern. Jede Messe hat ihr Regelwerk. Die Einhaltung des Regelwerks garantiert, dass liturgisch alles seinen rechten Gang geht. Ohne Regel kann nichts richtig gehen, weil auch nichts falsch gehen kann ...*

Der Einwand des Enttäuschten ist auf den ersten Blick treffend. Und doch: Es gibt auch eine ganz und gar äußerliche Art, die Liturgie zu feiern, eine Art, deren Merkmale Langeweile und Verzweiflung sind. Die Langeweile entsteht, weil der im Glauben Trainierte über das Äußere der Regel hinaus – „Was mache ich an dieser Stelle? Wie mache ich es richtig?" – zwar deren liturgische Bedeutung kennt, sich aber als außerhalb der Bedeutung stehend erlebt. Er gehört nicht dazu, es geht ihn nichts an, jede Wiederholung ist schmerzhaft, eine Tortur des Sinnlosen. Die Verzweiflung entsteht, weil der sich nach dem Glauben Sehnende nicht eingelassen wird. Er hat vergeblich gewartet. Er weiß, dass die Rituale der Wandlung die volle Gegenwart Jesu bedeuten, aber seine Hoffnung, der Herr möge durch den Gang kommen und ihn aus seiner *Zelle der Äußerlichkeit* befreien, bleibt unerhört. Die rechte Innerlichkeit verdankt sich einem Gnadenakt. Es ist die Gnade, die das Ritual mit der Innerlichkeit der Transzendenz, das heißt der Gegenwart Gottes, erfüllt.

Ohne Regel kann nichts richtig gehen, weil auch nichts falsch gehen kann ...

Und ein Mensch, der versucht, ein anständiges Leben zu führen? Es gibt verschiedene Formen, anständig zu sein; und es gibt auch hier das Gehäuse der Äußerlichkeit und die Innerlichkeit der Transzendenz.

Es ist möglich, anständig zu sein, weil man darauf dressiert wurde, anständig zu sein. Man versteht dann, was es heißt, anständig zu sein. Es heißt, beispielhaft gesprochen, seinen Mitmenschen sowenig wie möglich zu schaden, sich seinen Nächsten gegenüber freundlich und hilfsbereit zu verhalten, seine Feinde gerecht und fair zu behandeln, niemandes Gutgläubigkeit zum eigenen Vorteil auszunützen. Es heißt, sich um das zu bemühen, was moralisch richtig ist. Trotzdem könnte es sein, dass so ein Mensch an seinem Bemühen um ein anständiges Leben zerbricht: Ihm kommt sein Leben wie ein Uhrwerk vor, das, einmal aufgezogen, nun immerfort, weiter und weiter, *richtig* geht. Das Ganze indessen hat dennoch keinen Sinn. Er lebt wohlgelitten in seiner Zelle der Äußerlichkeit, die eine Zelle der Anständigkeit ist. Aber – wie soll man das ohne Gleichnis sagen? – ihm wächst keine Innerlichkeit zu.

Derjenige hingegen, sagt der Liturge des Alltags, *dem die rechte Innerlichkeit zugewachsen ist, nimmt am Vollzug eines Ideals teil, das seinen Wert in sich trägt. Er strebt das Ideal um seiner selbst willen an. Menschlich gesehen ist dieses Ideal nur fassbar, indem man sich den idealstrebigen Menschen als einen denkt, der sich bemüht, anständig zu sein, indem er sein Leben an den Dingen ausrichtet, die um ihrer selbst willen gewollt werden können: Liebe, Glück, Schönheit, Gerechtigkeit, Freiheit, Wahrheit und, allen voran, Würde. Das sind, unbeschadet der Umständlichkeit, Komplexität und Raffinesse, mit der sie in Erscheinung treten mögen, die einfachen Dinge des Lebens, in denen sich Werte verkörpern, welche die Philosophen „intrinsisch" nennen.*

Es ist etwas an solchen Werten, sagt der Liturge des Alltags (und nun kann er, trotz dieses gewissen Untertons in seiner Stimme, das Predigerhafte seines Wesens nicht verleugnen), *etwas wie ein einziger, alleseinhüllender Flügelschlag, der sie alle verbindet. Sie alle sind Teile einer Bewegung: der Bewegung hin zum Horizont des guten Lebens. Der Horizont des guten Lebens ist unerreichbar; es ist der Absoluthorizont des Lebens. Wäre der Horizont erreicht, wir wären alle erlöst. Die Schöpfung wäre abgeschlossen. So aber ist die Bewegung hin zum guten Leben ein Mitvollzug der Schöpfung. Die ihr angemessene Form der Innerlichkeit ist der Sinn des Lebens in der endlichen Form seines In-Erscheinung-Tretens: als der Sinn meines und deines, als der unverwechselbare Sinn eines jeden einzelnen noch so bedeutungslosen Lebens.*

Das Hässliche am Ritualismus des Alters hingegen besteht darin, dass von den Werten des Lebens bloß das Moment des Weitermachens durch allen Schmerz, durch alle Fühl- und Trostlosigkeit hindurch geblieben zu sein scheint. Früher war das Weitermachen ein Mittel zum Zweck. Nun ist es zu dem geworden, was es nicht sein sollte: ein Zweck an sich. Es ist ein Zweck an sich geworden, weil es im Leben nur noch darum zu gehen scheint, dem Sterben entgegenzuarbeiten.

Das ist es, sagt der liturgisch Enttäuschte, *was das „Weiter, immer weiter!" zur einfachsten und zugleich trostlosesten Sache des trostlosen Lebens macht. Glück, Liebe, Schönheit, Freiheit, Gerechtigkeit, Wahrheit – all das ist gleichgültig geworden. Man könnte genauso gut tot sein.*

Und doch, es zählt noch, dass man sich nicht gehen lässt. Man lässt sich nicht gehen, weil eine gewisse Unordnung, ein gewisser Geruch, ein gewisses Nicht-mehr-Weitermachen (das Liegenbleiben im zerwühlten Bett) untrügliche Anzeichen dafür wären, dass es einem gleichgültig geworden ist, ob man lebt oder stirbt – und vor allem, wie man es tut. Hier waltet noch immer ein Moment der Innerlichkeit, das den, der im Gefängnis der Äußerlichkeit festsitzt, über den bloßen Ritualismus des Lebens hinausbewegt: ein Moment der Transzendenz. Solange es mir nicht egal ist, wie ich lebe oder sterbe, bin ich, mögen meine Routinen auch nahezu maschinenhaft geworden sein, keine bloße Überlebensmaschine. Einsame, trostlose alte Menschen mögen Überlebensgetriebene sein; aber in ihrem Getriebensein äußert sich, trotz Niedergeschlagenheit, Panik und Bewusstseinstrübung, ein unauslöschliches Verlangen nach Würde: *Morgentoilette, bei verhängten Spiegeln.*

Zu den einfachen Dingen des Lebens gehört, dass man bis zum Ende, zum möglicherweise bitteren Ende, um die eigene Selbstachtung besorgt ist. Die anderen sollen nicht eine Kreatur sehen, für die sie nur Mitleid und Scham und heimliche Verachtung empfinden. Auch wenn die Spiegel schon alle verhängt sind, man möchte für den unwahrscheinlichen Fall – den unwahrscheinlichsten –, dass plötzlich helles Licht in die dunklen Räume fällt und ein Windstoß die Tücher vor den Spiegeln wegweht, als jemand in Erinnerung bleiben, der sich nicht hat gehen lassen, nicht einfach auf dem Badewannenrand (mit einem warmen Handtuch unterm Hintern) sitzen geblieben ist.

Einfach sitzen geblieben zu sein, das wäre schlimmer als die Morgentoilette. Also weiter, immer weiter!

10.
IN EINEM GOTT VERSTECKT LEBEN

Sein Tagtraum, während er auf dem Badewannenrand sitzt, um sich noch ein wenig auszurasten: *In den einfachen Dingen liegt der Sinn des Lebens fraglos, begrifflos zutage. Sie sind da, er ist da.* Und dann, wie immer nach der Morgenrast, sein Erwachen in den Tag hinein: *Es gibt keine einfachen Dinge, nur Ecken, an denen man nicht ohne Bluterguss vorbeikommt, Reißverschlüsse, die klemmen, rutschige Böden, das Sausen in den Ohren und das Flimmern vor den Augen während des keuchenden Versuchs, den Herzschlag zu stabilisieren. Oberschenkelhalsbruchsdinge!*

Die einfachen Dinge und gar erst die einfachen Dinge des Lebens – das klingt wie ein Zitat, und wie ein sentimentalisches dazu. Wo gäb's denn so etwas, wo hätte es denn, fragt der Unsentimentale, so etwas je gegeben, außer in den Kitschphantasien vom einfachen Leben?

Ich will nicht sagen, dass an dieser ohnehin nur rhetorisch gemeinten Frage nichts dran wäre. Wir leben im Zeitalter der globalisierten Märkte, des Teilchenbeschleunigers, der immer neuen Unübersichtlichkeiten, des Konstruktivismus ebenso wie des Dekonstruktivismus. Ich will das alles nicht wegreden, ich will es *kleinreden.* Oder besser: Ich will es kleiner reden, als es mir Tag für Tag vorgeführt wird von denen, die sich „Realisten" nennen und stolz darauf sind, keine Sentimentalisten zu sein.

Worum es mir geht, ist etwas viel zu Inniges, als dass ich es, gleichsam in der Rolle eines Häuslbauers oder Schrebergärtners mitten in Megalopolis, gegen die Komplexität der Welt ausspielen möchte. Wenn es mich nicht auf der Stelle als pathetischen Klotzkopf dastehen ließe, würde ich sagen: „Es geht mir um den Sinn des Lebens." Und ich würde sagen: „Ich will von den einfachen Dingen reden, weil es mir um den Sinn des Lebens geht." Man muss aber ein pathetischer Klotzkopf sein, um so zu reden.

Man muss einer sein, der kein Gefühl dafür hat, was sich sagen lässt, ohne die Schamzone des hohlen Pathos zu verletzen, oder? Der Sinn des Lebens ist ein Witz, oder? Spätestens seit 1983. Damals lehrte uns eine Komikertruppe namens Monty Python's Flying Circus das vor Lachen brüllende Fürchten. Ihr Film hieß *The Meaning of*

Life, einfach so und nicht anders. Und seither steht unumstößlich fest: Man kann vom Sinn des Lebens nur noch in Lächerlichkeitskontexten reden und ernsthaft überhaupt nur, wenn man von unüberwindbarer Begriffsstutzigkeit erfüllt oder mit unberührbarer Schlichtheit begnadet ist, also auf alle Fälle ein Klotzkopf.

Die Lächerlichkeit, der man sich aussetzt, wenn man nach dem Sinn des Lebens fragt, hat damit zu tun, dass, ist die Frage einmal gestellt, dann die Antwort, die – wie es heißt – das Leben gibt, immer irgendwie danebenzuhauen scheint. Denn das Leben gibt keine Antworten und die, die es gibt, haben mit der Frage nichts zu tun.

Und sollten sie doch etwas mit der Frage zu tun haben, dann deshalb, weil es sich um die üblichen lachhaften Antworten handelt. Eine lautet, das Leben sei ein Geschenk, in das man unbedingtes Vertrauen setzen dürfe, ja müsse. Eine andere lautet, man müsse bloß bereit sein, sich auf das „Abenteuer Leben" einzulassen. Sagen Sie das einem, der sich gerade ein Achtel Billigbutter zum Ablaufdatum kaufte, damit er etwas hat, womit er seinen Kindern das trockene Aktionsbrot bestreichen kann. Und überhaupt: Als ob man sich aufs Leben einlassen könnte wie auf eine Hemingway'sche Großwildjagd!

Ich kann nicht anders: Ich bin ein pathetischer Klotzkopf. Ein Begriffsstutziger. Dahinter, so vermute ich zu meinem Gunsten – man soll mit sich selber keinen allzu unfreundlichen Umgang pflegen –, verbirgt sich nicht bloß Begriffsstutzigkeit, Klotzköpfigkeit und Pathos, nicht nur eine Spielform der menschlichen Komödie, sondern auch das Ewigmenschliche an sich: die, nobel ausgedrückt – und ein bisschen Noblesse kann im Zeitalter der *Comedians* nicht schaden –, *condition humaine.* Denn wie immer man die Frage nach dem Sinn des Lebens traktieren mag, und sei es bis zum Totlachen, sie lässt sich nicht totkriegen. Und das wiederum, so vermute ich wenig riskant, hat mit dem Tod zu tun.

Fragen wir uns doch, der größeren Klarheit wegen, wie es um die Frage nach dem Sinn des Lebens stünde, wenn wir unsterblich wären. Stellen wir uns also vor, wir würden einen Unsterblichen treffen, der schon eine unendliche Spanne an Zeit lebend hinter sich gebracht hätte, und stellen wir uns weiters vor, wir würden ihn um Auskunft darüber bitten, worin der Sinn des Lebens bestehe. Wenn *er* es nicht weiß, wer dann? Hier seine Antwort (und es war gewiss nicht meine Absicht, sie derart prosaisch ausfallen zu lassen):

Keine Ahnung! Wieso glauben Sie, dass das Leben einen Sinn hat? Ich könnte Ihnen beliebig viele Dinge nennen – und da ich unsterblich bin, geradezu unendlich viele beliebige Dinge –, die diesen oder jenen Sinn haben. Meinem Leben mangelt es wahrlich nicht an kleinen und großen, einfachen und komplizierten Dingen, die sinnvoll sind, jedenfalls für mich, und von nicht wenigen unter diesen für mich sinnvollen Dingen würde ich behaupten, dass sie darüber hinaus, nämlich für jedermann sinnvoll sind. Vom Sinn des Lebens aber weiß ich nichts.

Sind Sie sich sicher, dass Sie nicht etwas durcheinanderbringen? Angenommen, Sie kennen alle Teile eines Autos und Sie wissen, wie die Teile zusammenpassen und miteinander funktionieren. Und nun betrachten sie das Ganze, wie alles zusammenpasst und miteinander funktioniert, und Sie fragen dennoch: „Wo aber, bitte schön, ist hier das Auto?" So fragen Sie und gehen um das Auto herum und schauen dahin und dorthin, als ob zu den Teilen, die zusammen das Auto sind, nun noch etwas hinzukommen müsste, nämlich das Auto selbst. Verstehen Sie, was ich sagen will? Natürlich verstehen Sie, was wäre leichter zu verstehen?

Ich will sagen, dass der Sinn meines Lebens nicht etwas ist oder auch nur sein kann, was zu meinem Leben, das aus vielen sinnvollen Dingen besteht, noch extra hinzukommen müsste. Denn es sind die vielen sinnvollen Dinge meines Lebens und ihr innerer Bezug, ihr Aufeinanderbezogensein und Miteinander-Funktionieren, der aus meinem Leben eine für mich und vielleicht auch für andere bedeutsame Geschichte macht, die Geschichte meines Lebens bisher, die ihrerseits – wenn Sie unbedingt wollen, und Sie wollen, so scheint mir, unbedingt – den unabschließbaren sogenannten Sinn meines Lebens bildet, meines unsterblichen Lebens ...

An dieser Stelle würden wir Begriffsstutzigen wohl erkennen müssen, dass der Unsterbliche, dessen Lebensspanne nach vorne hin unabschließbar offen ist, an einer Blindheit leidet, die nicht in seiner Physis, sondern in seiner metaphysischen Kondition gründet. Seine Blindheit hat nämlich ihren Grund im Wesen seines Daseins, das heißt, in seiner Unsterblichkeit. Der Unsterbliche versteht den Punkt nicht, um den es uns geht, wenn wir, die Sterblichen, nach dem Sinn unseres Lebens fragen. Denn für ihn ist der Tod keine Möglichkeit seines Lebens, während er für uns eine Grundtatsache ist, die wir weder biologisch unterlaufen noch reflektierend übersteigen können.

Der Sinn eines Lebens, das nie endet, liegt in der Summe seiner sinnvollen Teile und ihres Zusammenhangs. Er ist nicht weniger, aber auch nicht mehr. Die Frage nach dem Sinn des Ganzen stellt sich nicht. Sie kann sich gar nicht stellen. Es gibt keinen Punkt im Leben des Unsterblichen, an dem aus den Tatsachen seines Lebens ein Ganzes werden könnte. Das Ganze seines Lebens ist für ihn ebenso wenig eine sinnvolle Vorstellung wie jene der größten Primzahl, die es nicht gibt, weil zu jeder gegebenen eine noch größere existiert.

Für ein Leben hingegen, das, weil es nicht unsterblich ist, an einem bestimmten Punkt enden muss, stellt sich die Frage nach dem Sinn des Ganzen nicht nur; sie stellt sich, in der Vorwegnahme des eigenen Todes, mit Notwendigkeit. Die Antwort mag deprimierend sein; sie mag lauten: Das Ganze hat keinen Sinn. Aber die Frage selbst ist nicht sinnlos. Denn das Ganze *könnte* einen Sinn haben.

Und hat es denn keinen? Doch, doch, es hat einen, wird nun dem begriffsstutzigen Liturgen des Alltags beschieden, und zwar akkurat vom liturgisch Ernüchterten – der Stimme des Ernüchterten in uns allen. Diese Stimme flüstert uns wieder und wieder zu, der Sinn des Lebens bestehe genau darin, welchen Sinn wir, die Sinnsucher, aus dem Insgesamt dessen, was uns als unser Leben gegenwärtig und erinnerlich sei, herauszulesen vermöchten. Wir selber seien die privilegierten Interpreten unserer eigenen Lebensgeschichte, sobald es darum ginge, deren *Bedeutung* zu erfassen. Freilich, *der* Sinn des Lebens, um dessen Vergegenwärtigung wir angeblich alle jederzeit besorgt sein *sollten* – dieser unaussprechbare, begrifflose Absolutsinn, so der liturgisch Ernüchterte, sei heutzutage nichts weiter als eine verkappte religiöse Restgröße in einem ansonsten weltlich genormten Leben.

Ist also die Frage, wie sie der Liturge des Alltags begriffsstutzig stellt, durch und durch sinnlos? Ist seine Begriffsstutzigkeit bloß ein Ausdruck dafür, dass er als pathetischer Klotzkopf unter dem Bann einer verkappten religiösen Restgröße steht?

Nun – das immerhin ließe sich erwidern –, dann wäre es ganz und gar unverständlich, warum wir nicht aufhören können, die Frage zu stellen. Etwas im Leben scheint über die Tatsachen des Lebens, über das Gefängnis der Äußerlichkeit, das geschlossene Rund der Innerweltlichkeit, hinauszuweisen: etwas, was in uns Sterblichen zum Rutschen kommt, wenn wir, in einem Moment der Verwirrung und Sehnsucht, nach dem Sinn *des* Lebens fragen. So, als ob wir uns innerlich selbst zu entgleiten begännen, weil etwas in uns schon immer über uns hinaus war und ist und sein wird, bloß dass wir es im Gerümpel- und Getriebealltag, der uns mit seinem Lärm und seiner Wärme einhüllt wie eine herrische Plazenta, nicht wahrhaben wollen.

Nun aber haben wir Angst, dass, würden wir entdecken, *wozu das alles gut ist,* wir dann auf einmal nicht mehr wir selbst wären. Ja, dass wir aufgehört haben würden, noch um uns selbst besorgt zu sein: so, als ob wir unserer eigenen endgültigen Geburt beigewohnt hätten, die uns indessen nicht mehr vor uns selbst hinführt, sondern vor das hin, was in der seherischen Tradition das Antlitz Gottes hieß – das Antlitz, in dessen Anblick ein jeder Engel im Ursprung versunken war.

Im Ursprung waren eins und eins gleich eins. Das Antlitz, die Versunkenheit, der Sinn. Am Ende jedoch scheint alles dadurch verdorben, dass eins und eins gleich zwei ist. Freilich, wäre eins und eins gleich eins geblieben, für immer und ewig, dann hätte zwar niemals etwas verderben können, doch alles wäre, im Zustand makellosen Unentzweitseins, am Ende so gut wie nichts. Alles wäre unverdorben, doch sinnlos mangels Substanz.

Die Substanz ist – Dialektik des höheren Unsinns – immer nur eine, indessen kann sie nur eine *sein,* indem sie aus ihrer murmelgleichen Einheit (glatt, undurchdringlich, ewig) heraustritt. „Die Substanz ist einfach", lautet ein alter Lehrsatz der Metaphysik, bloß, um in eine endlose Abhandlung über die innere Mannigfaltigkeit der Substanz einzumünden: Gott ist einfach, weil er aus unendlich vielen lebendigen Attributen besteht, die alle nichts anderes sind als unbedingte Verherrlichungen seines einfachen Seins. Die vielen Falten im Gewand Gottes, die vielen Wohnungen in seinem Haus, sie alle sind Namen für den einen Sinn, der alles durchwaltet. IHN, seine Herrlichkeit, könnten wir nicht ertragen; in den Namen aber können wir eine kurze Zeitlang überdauern.

Eine mögliche Umschreibung für den Sinn des Lebens könnte lauten – denn er währt nur so lange, als sein Name unausgesprochen in uns blüht –: „In einem Gott versteckt leben."[12] Demnach käme es darauf an, dass im Leben, das man über den Gartenzaun hinweg und in den philosophischen Seminaren führt, nichts darauf hindeutet, wo man wirklich zu Hause ist. Wo man haust. Fiele ein Licht von draußen in unser Versteck, sodass es benennbar, diskutierbar würde, hörte es auf zu existieren. Man lebte dann trostlos im Licht. Es wäre dann, als ob man aus rasch wachsender Entfernung zuschauen müsste, wie sich der Gott, in dem man versteckt lebte, sich in die steinern statuarische Reihe all der Götter zurückzöge, die bloß da zu sein scheinen, um uns ausdruckslos zu bedeuten, dass wir alle Hoffnung fahren lassen sollten. Wir wären dann nur noch sterblich.

Und jetzt, in diesem Moment – also weiter, immer weiter! –, käme es aber darauf an zu bemerken, dass sich in Wahrheit gar nichts geändert hat. Das Versteck ist unbeschädigt. Was immer gefragt, gesagt und theologisch zerredet wurde, man lebt noch immer in der heilsamen Verborgenheit: „versteckt in einem Gott". Das Licht von draußen hat nur zerstört, was nicht das Versteck war. Es war bloß das, was als Versteck aufgedeckt und diskutiert wurde, nicht das Versteck selbst.

***

Die Unendlichkeit, so heißt es im onto-theologischen Traktat eines längst vergangenen Jahrhunderts – oder so könnte es jedenfalls geheißen haben, hätte es den Traktat gegeben (und es gab ihn, zu vielen Zeiten und an vielen Orten, immer wieder wurde er gedacht, diktiert, nieder- und fortgeschrieben) –, *die Unendlichkeit ist das einzig authentische Bild der absoluten Einfachheit. Deshalb kann sich das absolut Einfache nur darstellen, indem es sich als Teil einer unendlichen Fülle präsentiert. Es gibt unendlich viele Götter. Man lebt versteckt in einem. Nur so lässt sich beim Namen nennen, dass man versteckt in GOTT lebt: in dem einen einzigen, dessen allumfassende, absolute Einfachheit die Unendlichkeit der Götter, ihrer Gewandfalten und Wohnungen, ihrer Namen gebiert. Die Unendlichkeit der Götter ist eine Ausschüttung der Herrlichkeit des einen einzigen Gottes: der Sinnherrlichkeit seines Absolutseins.*

TEIL III
ES GIBT MEHR DINGE ZWISCHEN HIMMEL UND ERDE ...

11.
DIE STARKE ABWESENHEIT

Es scheint also, dass der Tod und die einfachen Dinge des Lebens zusammengehören. Sie sind, so scheint es, durch einen Unterstrom besorgten Fragens aufeinander verwiesen. Es scheint der Tod zu sein, der, recht bedacht, aus dem Leben für diejenigen, die es jeweils zu leben haben, jeweils mehr macht als bloß eine Abfolge mehr oder minder sinnvoller Episoden. „Recht bedacht" deshalb, weil es ja immerhin möglich ist, sich beim Gedanken an den eigenen Tod gar nichts zu denken.

Erst der Tod, so scheint es, mobilisiert die Frage nach dem Sinn des Lebens. Und erst die Frage nach dem Sinn des Lebens, die mit der Frage nach dem guten Leben verzahnt ist, gibt dem Begriff der einfachen Dinge des Lebens eine Bedeutung, die über die Banalität der Feststellung, dass manche Dinge eben einfacher seien als andere, wesentlich hinausreicht. Indem sich in den Dingen Werte verkörpern, die intrinsisch sind, werden sie zu Verkörperungen eines absoluten Sinns, der sie zu den „einfachen Dingen des Lebens" werden lässt. Ihre Symbolik ist folgerichtig die der kulturell eingeübten, sprichwörtlichen Einfachheit: Man denkt weniger an Wirbelstürme, Teilchenbeschleuniger oder Aktienmärkte und mehr ans Hemdenbügeln, Essenkochen oder Liebemachen. Und das ist gut so.

Und der Tod? Gehört er nicht auch zu den einfachen Dingen des Lebens (im Gegensatz zum Sterben, das immer komplizierter und noch komplizierter und dessen Sinn immer weniger einsichtig wird)? Ist der Tod, zumal der eigene, in seiner begrifflosen Transzendenz, die uns doch im Leben intim berührt, nicht das absolut Einfache – fast so wie die Idee, die wir uns vom Höchsten, von dem einen Gott, machen?

Was soll man, jenseits religiöser Konfessionen und ihrer jeweiligen Nachlebensvorstellungen, dazu sagen? Wenn wir den eigenen Tod als Quelle und Stachel der Frage nach dem Sinn des Lebens begreifen wollen, verpflichten wir uns dann zugleich darauf, den Tod selbst für die Verkörperung eines intrinsischen Werts zu halten? Die einzig mögliche Antwort lautet: Das kommt darauf an.

Begrifflose Dinge funktionieren für uns, die wir vor ihnen sprachlos bleiben – und daher geschwätzig werden – wie Kippfiguren. Da kein Begriff an sie heranreicht, mag das daran liegen, dass die Absolutheit ihres Sinns unsere Endlichkeit sprengt; dass die Unendlichkeit ihres Sinns unser endliches Begriffsvermögen unendlich übersteigt. In dieser Betrach-

tungsweise sind die begrifflosen Dinge – und der Tod unter ihnen, als das begrifflose Kardinalding – göttlich (und die Frage nach ihrem intrinsischen Wert erübrigt sich). Es mag aber auch daran liegen, dass sie absolut sinnlos sind (und die Frage nach ihrem intrinsischen Wert erübrigt sich umso mehr).

Das kommt darauf an …: Horchen wir also in uns hinein, hören wir auf die kippfigürlichen Stimmen des liturgisch Enttäuschten und des Alltagsliturgen, nicht ohne uns zu fragen, wer von beiden das letzte Wort haben könnte (auch wenn es möglich scheint, dass der, der das letzte Wort hat, es bloß deshalb hat, weil sich die Stimmen in uns erschöpfen, weil wir einfallslos werden und unlustig, immer weiter- und weiterzumachen).

∗∗∗

LITURGISCH ENTTÄUSCHTER: „Wie ist es, wenn man tot ist?", fragte ich als Kind vorm Einschlafen meine Großmutter. Sie versuchte, mich zu beruhigen: „Das ist so, als ob man schläft." Aber ich war nicht beruhigt. Offenbar hatte ich eine philosophische Ader: „Wie ist es, wenn man schläft und nicht mehr aufwacht?" Da musste meine Grußmutter nicht lange überlegen: „Wenn man tot ist, schläft man zuerst ein Weilchen und wacht dann im Himmel wieder auf." Ich kann kaum behaupten, dass mich diese Auskunft beruhigt hätte.

Stattdessen konnte ich nicht einschlafen, weil ich mir krampfhaft überlegte, wie ich in der Lage sein sollte, beim Erwachen im Himmel zu wissen, dass ich noch ich bin. Man hatte mir erzählt, im Himmel wäre ich nur Seele, „körperlos". Also versuchte ich mich darauf zu konzentrieren, was von mir übrig bliebe, sobald ich meinen Körper abgestreift hätte. Immerhin, mein Bewusstsein würde mir bleiben. Ich würde mich an das erinnern können, was mir bisher widerfuhr. Ich würde mich an mein Leben auf Erden erinnern und daher auch wissen, wer ich war … Und wer ich bin?

Das war eine jener kleinen tückischen Fragen, die typisch für schlaflose Kinder mit einer philosophischen Ader sind. Wenn man weiß, wer man zu Lebzeiten war, weiß man dann auch, wer man im Himmel ist? Wie sollte ich das feststellen? Hätte ich im Himmel einen Körper, dann wäre es mir möglich, mich selbst zu betrachten, zum Beispiel in einem Spiegel, den es hoffentlich im Himmel gibt. Und so, durch die Verbindung meines Körpers mit meinen Erinnerungen, würde ich dann zweifelsfrei wissen, dass der, der sich im Spiegel betrachtet und an sein Leben auf Erden denkt, tatsächlich ich bin. Doch ach, im Himmel bin ich ja körperlos; nachdem ich gestorben bin, werde ich himmlisch reiner Geist sein!

Mit anderen Worten: Ich hatte, in meiner kindlichen Manier, eines der tiefen Probleme der Philosophie erahnt. Wollte ich großspurig tun, würde ich sagen, mir hätte das Problem der „res cogitans" den Schlaf geraubt (allerdings nicht lange, denn auch Kindern mit philosophischer Ader wird die Philosophie rasch langweilig). *Res cogitans*, so nannte René Descartes[13] die körperlose, sich selbst denkende Seelensubstanz, auf die wir uns beziehen, wenn wir „ich" sagen. Und für Descartes war es eine ausgemachte Sache, dass sein Ich in der Lage sei, den Tod des Körpers zu überleben. Er, Descartes, war unsterblich, insofern er ein Ich war; und er, Descartes, konnte überhaupt nur deshalb Descartes sein, weil und insofern er wesentlich ein Ich, eine denkende Substanz, war.

Heute hingegen: Was immer uns die Religionen lehren mögen, sie sind beim aktuellen Stand des Wissens außerstande, uns glaubhaft ein Leben nach dem Tod zu versprechen. Jedenfalls kein Leben im Himmel, wo wir, die reinen Bewusstseinswesen, uns als jene Personen wiedererkennen könnten, die wir, die irdisch-körperlichen Wesen, einst waren. Das verstärkt allerdings die Rätselhaftigkeit des eigenen Todes eher noch, als dass er zu einer schlichten Tatsache würde, die einfach darin besteht, dass man irgendwann gestorben sein wird.

Einerseits rührt die Rätselhaftigkeit des eigenen Todes aus seiner Unvorstellbarkeit. Mein Tod ist für mich kein innerweltliches Ereignis. Wo immer ich zeitlebens auf der Welt sein mag, bei meinem eigenen Tod bin ich nicht dabei. Ich nenne das „die starke Abwesenheit". Andererseits folgt die Rätselhaftigkeit des eigenen Todes aus der Frage, wie stark diese Abwesenheit denn nun eigentlich sei. Wie die Fische im Wasser, so leben wir im Medium unseres Bewusstseins. Und sowenig die Fische ihr Lebenselement verlassen können, sowenig können wir unser Bewusstsein verlassen, um quasi von einem Standpunkt jenseits unseres Bewusstseins aus zu begreifen, was das ist: unser Bewusstsein, in dem sich die Welt bei unserer Geburt für uns öffnet, um sich bei unserem Tod wieder vor uns zu verschließen.

Es ist die Weltöffnungsfunktion des Bewusstseins, die zu den Annahmen gehört, welche die Philosophie der Neuzeit prägen. Wenn wir ein typisch modernes Bild für den Tod suchen, sozusagen das Inbild des Todes in der Moderne, dann muss es in irgendeiner Weise an den Verlust der kindlichen Hoffnung auf ein persönliches Überleben anknüpfen. Es muss aber auch daran anknüpfen, dass das Bewusstsein die Welt nicht bloß widerspiegelt, sondern – wie soll man sagen? – grundiert.

Nicht, als ob es auf den Begriff ankäme. Denn worum es hier geht, ist ein Mysterium. Das ist trivial. Hinter den unzähligen Facetten und Tiefen des Unbelebten, die der wissenschaftliche Geist zutage fördert, muss sich – so die Vermutung der Klassik und Romantik – ganz am Grunde des Weltseins etwas Geistiges auftun, eine Quelle der Sympathie zwischen Bewusstsein und Welt. Erst dieser Quellgrund – so die Vermutung – würde verständlich machen, warum zwischen dem Licht der Augen und der Weltnacht, den geistbegabten Begriffen und den toten Fakten des Naturinneren, nicht bloß ein Abgrund an Nichtbegreifen klafft. Warum nicht totale Seinsblindheit herrscht.

Der Quellgrund – so könnte man sagen und so hat man gesagt – ist das Göttliche. Am Grunde waltet nicht der Tod, sondern das Leben. Aber dieses Leben des Bewusstseins als weltlicher oder, viel eher, jenseitsweltlicher Quellgrund ist dann kein persönliches. Es ist nichts, wohinein ich, das sterbliche Individuum, nach meinem Tod eingehen könnte, ohne mich in eine Anonymität aufzulösen, die viele von uns trostlos anmutet. Das, dieses sich grenzenlose Ausweiten, dieses restlose Verfließen in die Unpersönlichkeit des Quellgrundes, erscheint vor einer Tradition des persönlichen Überlebens, ja der leiblichen Auferstehung von den Toten wie im Christentum, als ob hier gar nicht vom ewigen Leben die Rede wäre, sondern im Gegenteil: vom ewigen Tod. „Und ist denn nicht davon die Rede?", frage ich, der christlich geprägte Glaubenslose, der mit der Aussicht auf eine ichlose Jenseitsexistenz nur sehr, sehr wenig anzufangen weiß.

Aber aus Enttäuschungen lässt sich auch Kapital schlagen. Das beweist die neuzeitliche Enttäuschungsgeschichte einmal mehr. Ihr philosophischer Gewährsmann ist Arthur Schopenhauer[14], was den Verlust der Hoffnung auf ein persönliches Überleben nach dem Tod betrifft. Schopenhauer definiert moderne Religiosität geradezu als *Rücknahmehoffnung*. Rücknahme wovon? Von aller schmerzhaften Vereinzelung, Zerstückelung, in die der Urgrund der Welt bei dem Versuch geriet, sich seiner selbst bewusst zu werden. Indem der – wie Schopenhauer es sieht – Weltwille seiner ursprünglichen Ganzheit entsagte, war er gezwungen, sich in Myriaden Einzelseelen aufzusplittern. Deshalb hat jeder Mensch, belehrt durch die Leiden der Endlichkeit und Individualität, Sehnsucht nach seiner metaphysischen Heimat, dem glückselig unbewussten Einsseins mit dem Sein, dem er entstammt.

Damit beginnt sich das religiöse Empfinden des Westens durch eine eigentümliche Aneignung fernöstlicher Mystik buddhistisch aufzuladen. Schopenhauers Weltwille – das zeitgemäß Göttliche – ist eine geistige, im Ursprung ihrer selbst unbewusste Macht. Ihr wohnt ein Trieb inne, der sie nicht im paradiesisch Weltvorgeburtlichen verharren lässt. Hier wird zum ersten Mal, nachdem die Aufklärung gerade erst triumphiert hat, Bewusstwerdung mit Selbstentfremdung gleichgesetzt. Das westbuddhistische Drama ist allerdings gut verständlich nur vom phantasierten Ende des Lebens her. Denn gut verständlich ist die Sehnsucht, dem Existenzschmerz zu entkommen, den Prozess der Individualisierung und seiner Folgen – Triebkonflikt, Schuld, Krankheit, Todesfurcht – zu stoppen. Kurz, Schopenhauers Sehnsucht ist verständlich als der Wunsch, auf die Ebene eines Schlafes abzusinken, der gesättigt ist vom Leben, aber nicht durchdrungen von der Kälte des Leichnams. Entziffert man hingegen die westliche Lesart des Nirwanatraums als eine Embryonal- und Geburtserzählung, als eine Theorie über die Entstehung der Welt, dann ergibt sie bloß Unsinn. *So* hat sich die Welt und das in ihr angelegte Bewusstsein samt Wille und Vorstellung gewiss nicht entwickelt!

Doch das Lesen und Neulesen von Quellbildern ist ein kollektiver Vorgang, der ohnehin keiner Logik gehorcht. Das Rätsel des Bewusstseins wird mit vielerlei Begrifflichkeiten verknüpft, von denen manche esoterisch, manche obskur, manche poetisch sind. Vor allem aber entsteht auf diese Weise unsere Spiritualitätskultur. In ihr scheint die Innerlichkeit des in sich versunkenen, meditierenden Einzelnen, der am Rande seines Identitätsgefühls dahin- und seinem Ich davonschwebt, mit den jeweils neuesten Konzepten des Universums zu harmonieren.

Werden durch die wissenschaftlichen Begriffe und Theorien nicht uralte Weisheitslehren, die von der Unsterblichkeit des geistigen Weltgrundes handeln, endlich auf den Punkt ihrer Beweisbarkeit gebracht? Mit dem tausendfältig gefältelten, feinststrukturierten kosmischen Feld, mit der fraktalen Schönheit des Ganzen, mit den Schmetterlingsflügeln des Zufalls, mit der Musik des Universums, die sich im mathematischen Formelwerk offenbart – mit all dem, so hat es nun den Anschein, schwingt das Einzelbewusstsein mit, das stets aus dem Ganzen heraus lebt. Darin, in diesem Schwingen über und unter dem schmerzhaften, egozentrischen, todverfallenen Kern des eigenen Ich, soll die Überwindung des Todes liegen.

Doch mit den populärmetaphysischen Flausen verstärkt sich nur die Einsamkeit von unsereinem, das heißt, des liturgisch ohnehin Ernüchterten. Was die ästhetisch großartig gebundene Form der traditionellen Messfeier nicht mehr glaubhaft zu leisten vermag, das soll nun durch die Verblasenheit der neuen Kosmosophie aufgefangen werden? Lächerlich. Eine kulturlose Anmaßung! Kein Wunder also: Auch die Epoche der Spiritualität geht, kaum hat sie begonnen, schon wieder zu Ende.

Verabscheute der Traditionsbewusste eben noch den falschen, formlosen Klang des Wortes „spirituell" – Diagnose: höhere Dummheit, Religionskitsch der mittleren Reife –, so beginnt sich jetzt unter den Gebildeten eine kulturlose Traditionsverachtung breit zu machen. Mit ihr wächst eine böse Form der Ernüchterung heran: *Überernüchterung.* Schenken wir den Auguren des Zeitgeistes Glauben, dann leben wir im Zeitalter des Naturalismus. Das bedeutet, um es bündig zu formulieren: Immanenzverdichtung bis zum Äußersten. Das Credo: Transzendenz ist Humbug.

Im Himmel und auf Erden, so der Naturalist, geht alles mit natürlichen Dingen zu. Die Evolution bringt das Gehirn hervor und das Gehirn erzeugt das Bewusstsein. Alles, was im Bewusstsein ist, dient dem Überleben der Gene. Und vieles, was im Bewusstsein ist, dient direkt oder indirekt dem Überleben durch die Langzeitwirkung einer Illusion. Dazu gehört die Kernillusion „Gott". *The God Delusion,* der Gotteswahn, nannte Richard Dawkins seinen Bestseller aus dem Jahre 2006. Es gibt demnach weder eine postmortale Geborgenheit in Gott noch eine immerwährende Eingeborgenheit im Weltgeist: Das eine wie das andere sind Märchen aus alten Tagen. Der Naturalist lehrt, dass es kein Leben über den Tod hinaus gibt. Tot ist tot, sozusagen mausetot.

Doch die Überernüchterung gebiert neue religiöse und quasireligiöse Ungeheuer. Der Naturalismus ist nämlich nur die eine Front einer Mobilmachung, deren andere sich durch den rabiaten Hang auszeichnet, die Bibel wieder beim Wort zu nehmen und apokalyptisch zu denken, also so zu denken, wie es die Offenbarung des Johannes vorbuchstabiert, ohne deren historische Gebundenheit zu würdigen.

Man will Gott wieder einen starken Mann sein lassen. Der Gott der neuesten Wiedererweckten ist ein Abkömmling des ältesten Vulkangottes, der aus Staub und Lehm und Feuer seine Schöpfung formt. Er straft die Evolutionstheorie Lügen. Er rüttelt unsere Ungläubigkeit durch Naturkatastrophen aller Art, durch Fluten, Stürme, Erdbeben, wach. Er tötet Hunderttausende. Er bestraft Homosexualität mittels Aids. Er begnadigt und verdammt für die Ewigkeit.

An die Stelle des Gottes aller Menschen, einer verachtenswerten philosophischen Kopfgeburt, tritt erneut der parteiische Gott, der zwischen den Rechtgläubigen und allen anderen, den Ungläubigen, Heiden, Gotteslästerern, ungnädig trennt. Die alten Freund-Feind-Schemata werden scharfgemacht. Schon hat sich im Westen die politische Theologie zurückgemeldet. Ihr Credo: Säkularismus, Laizismus, Hedonismus, Liberalismus, Nihilismus sind Krankheitssymptome, die der demokratischen Staatsform innewohnen. Deswegen, wegen des Fehlens jedweder göttlichen Ordnungsidee, muss die Demokratie zugrunde gehen.

Kein Zweifel, zwischen dem naturalistischen und dem neumythologischen Weltbild besteht eine ungewollte, verhängnisvolle Wechselwirkung. Der militante Naturalismus, der gegen jede Form von Transzendenz mobilmacht, führt zu einer neuen Art metaphysischer Ängstigung, einer *Innerweltlichkeitsphobie:* Je umfassender man sich in der Welt, der Immanenz des Seins und Daseins, gefangen fühlt, desto rabiater wird die Sehnsucht nach Jenseitigem. Sie wird zum flammenden Hoffnungssymbol des gelingenden Ausbruchs, dessen praktische Werkzeuge das Dogma und der Sprengstoff sind.

Und die Folgen des Erhitzungsbogens, der von der Übernüchterung bis zum Gottesrittertum reicht? Der Druck auf den Einzelnen wird stärker, sich zwischen Stimmungslagen zu entscheiden, die samt und sondern *irrational* sind, während die typisch modernen Formen der Religiosität schwächer werden, von der Negativen Theologie über das Spiritualitätsdenken bis hin zum ethisierten Gott aller Menschen – lauter Religiositätsformen, die selbst bereits Reaktionsformen auf die Situation des liturgischen Enttäuschtseins sind. Als zeitgeistiger Frontier ist man heute entweder atheistischer Naturalist oder theistischer Neumythologe, Innerweltlichkeitsdogmatiker oder Jenseits-Dschihadist.

Zugegeben, das sind Extreme. Man mag sich daher fragen, ob sie die Bilder, Ängste und Hoffnungen des weniger erregbaren menschlichen Durchschnitts glaubhaft widerspiegeln. Sind die durchschnittsmenschlichen Besorgnisse, die sich um die Unfassbarkeit des eigenen Todes gruppieren, heute nicht eher eine Folge unserer Medizinverfallenheit? Und ist unsere Verfallenheit an das medizinische Universum nicht seinerseits eine Folge der hochkapitalisierbaren Verknüpfung von Lebensgier, Glücksstreben und Gesundheitswahn?

Die Fragen sind rhetorisch. Hier schließt das eine Übel das andere nicht aus. Übernüchterung und Neofundamentalismus sind die eine, die kulturkämpferische Seite einer Medaille. Deren andere Seite wird durch das massenhafte Auftreten des – wie ich sagen möchte – *virtu-*

ellen Patienten unter dem Banalisierungsdruck des eigenen Todes charakterisiert.

Der virtuelle Patient ist, in letzter Zuspitzung, jener Mensch, der, weil er immer schon krank sein könnte, vornehmlich lebt, um es nicht zu werden. Durch die Vervielfachung medizinischer Methoden zur Diagnose und Früherkennung von Krankheiten, auch und gerade solcher, die noch gar nicht ausgebrochen sind, treten immer mehr Personen in immer jüngeren Jahren in den Kreis derer ein, die sich, ohne krank zu sein, bereits halbwegs – „der Möglichkeit nach" – als Patienten fühlen. Ganze Industriezweige profitieren von dieser Virtualität, der Vorstellung des Lebens als einer ständig drohenden Krankheit zum Tode. Sie profitieren davon, dass Menschen, statt sich als gesund zu erleben, sich als noch nicht krank definieren und ihr Leben dementsprechend als eine Krankheitspräventions-Existenz einrichten, vom gesunden Essen über die gesunde Freizeit bis hin zum gesunden Sex.

Derart ist es dann ausgeschlossen, den eigenen Tod in irgendeinem sinnvollen Sinne als die Vollendung des Lebens zu begreifen. Er ist vielmehr das endgültige Urteil, das besagt, man habe als virtueller Patient sein Ziel verfehlt. Man ist gescheitert. Und da wir am Schluss alle tot sein werden, liegt jetzt über jedem Leben eine nur schwer verdrängbare Sinnlosigkeitsanmutung, man mag positiv denken, wie man will.

Einzig nicht zu sterben wäre gesund und daher sinnvoll. Und damit nicht genug: Durch seine Einbindung in das Institutionengefüge der Massenmedizin unterliegt der eigene Tod notwendig einem Prozess der Banalisierung. Stets ist man einer unter vielen. Und stets sind es viel zu viele, die von der Bürokratie des Heilens mit professionellem Gleichmut als Wartefälle, akute Fälle, Rettungsfälle – und immer wieder eben auch als Exit-Fälle – verbucht werden.

Vom Standpunkt des Systems aus, das die größten Anstrengungen unternimmt, uns am Leben zu erhalten, ist unser Ende nur eine Phase: die finale, die Exit-Phase. Sie verbindet uns mit allen anderen Exit-Kandidaten, macht uns einander ähnlich, und zwar akkurat in dem, worin wir uns metaphysisch absolut unterscheiden: im eigenen Tod. So hat der heute Sterbende das oft moralisch gefärbte Empfinden, sein Aus-der-Welt-Scheiden nicht als existenzielle Sondersituation namhaft machen zu dürfen. Er ist bloß einer unter viel zu vielen.

Dabei weiß das System um die Besonderheit des Sterbens. Es weiß darum und reagiert darauf, indem es versucht, der Würde des Sterbenden gerecht zu werden, sei es durch Schmerzfreistellung, sei es durch psychologische und geistliche Zuwendung. In manchen Ländern darf, zur Wahrung der Würde, aktive Sterbehilfe in Anspruch genommen werden. Wer könnte sich da beklagen? Niemand. Außer der Uneinsichtige, der Querulant, der darauf bestehen wollte, dass sein Tod nichts ist, was mit dem Tod irgendeines anderen vergleichbar wäre, und zwar einfach deshalb, *weil sein Tod sein Tod ist.* In dieser Tautologie, die sich zu keinem informativen Satz entflechten lässt, steckt die ganze Wucht der Einmaligkeit jenes Ereignisses, das für den Einzelnen tatsächlich und rechtens sein eigener Tod sein sollte. Ja, es handelt sich um ein Sollen. Als der bestimmte Mensch, der ich bin, habe ich nur eine Welt, „meine", und meinen Tod gibt es nur als das Ende meiner Welt. Wenn ich nicht mehr imstande bin, dafür eine Sprache und ein Gefühl zu finden, weil der Kontext meines Sterbens das Höchstpersönliche des Sprechens und Fühlens neutralisiert – das System versteht sozusagen immer bloß „Würde" –, dann bin ich entmenschlicht.

Banalisierung meines Todes bedeutet also: die durch Stimmungsaufheller und Betäubungsmittel bürokratisch, chemisch und sozial entdramatisierte, höchstens noch wie aus den Augenwinkeln bemerkbare Auflösung des zuinnerst Menschlichen meiner Existenz. Damit ist eine äußerste Grenze der Trostlosigkeit erreicht, oder?

✳✳✳

LITURGE DES ALLTAGS: Äußerste Trostlosigkeit? Na ja. Es wäre besser, die Grenze der Trostlosigkeit nicht leichtfertig zu strapazieren. Es gibt ja keineswegs nur das *Phänomen* der Überernüchterung, es gibt auch – und, meines Erachtens, vor allem – eine *Überernüchtertenrhetorik.* Diese Rhetorik stützt sich auf die jeweils vorliegenden sogenannten Verhältnisse, die, was nicht sonderlich schwer ist, als trostlos gebrandmarkt werden. Doch alle sogenannten Verhältnisse auf Erden sind *in gewissem Sinne* trostlos. *Denn sie sind unerlöst.*

In gewissem Sinne also verdankt sich die Trostlosigkeitsrhetorik inmitten von Wohlstand und Freiheit weniger den sogenannten Verhältnissen, sondern eher jener frühen Neugier, die das Kind am Einschlafen hinderte, weil es sich allzu sehr vom Gedanken an den eigenen Tod faszinieren ließ.

Vor einiger Zeit erreichte mich eine Postkarte aus Usbekistan. Sie stammte dem Zoologen Prof. em. Dr. Dr. h. c. Friedrich Schaller, Jahrgang 1920, Träger des Ernst-Jünger-Preises für Entomologie:

Lieber Herr Kollege! Auf den roten und schwarzen Sanden (Kizilkum u. Karakum) zwischen Aralsee, Jaxartes u. Oxus erfährt man über unsere Art mehr als sonst wo. Ein gutes Dutzend großer Völker hinterließ Millionen Schädel, Ziegel, Scherben, Gemäuer, überzogen mit ihren jeweiligen Hirngespinsten von Alexander über Mohammed, Dschingis Khan bis Stalin. Das musste der Alte noch gesehen haben, ehe er – seine Neugier – ungestillt endet ...

Obwohl die Nachricht deprimierend schien, stimmte sie den Leser – mich – doch heiter. Wir wissen, sobald wir die kindlichen Träume hinter uns gelassen haben, dass wir beim eigenen Tod nicht dabei sein werden; und wir wissen, dass unser Tod, *summa summarum,* unerheblich ist. Dennoch erfüllt uns gerade dieses Wissen nicht mit Verzweiflung. Es erfüllt uns im Gegenteil mit der Leidenschaft für unser Schicksal, für das Abenteuer unseres Lebens und Sterbens, und eben auch mit jener Neugierde, die ungestillt endet.

Die Neugierde des Kindes, das wissen will, wie es ist, tot zu sein, wird abgelöst von dem Wissen, dass die Frage eines Lebens nach dem Tod, bei aller metaphysischen Unwägbarkeit, eine für uns unabweisbare Antwort hat: die der starken Abwesenheit. Und so wird das Leben vor dem Tod für uns nicht sinnlos (warum sollte es?), sondern zu einem kostbaren Rätsel. Wir haben nur dieses eine. Was immer wir sonst noch für ein Leben haben mögen, es wird nicht mehr unseres sein, wie wir es hierorts kennen.

Alles, was uns im wirklichen Leben widerfährt, in jenem Leben, das wirklich das unsere ist, ist einmalig und unwiederbringlich. Im Fluss der Zeit existiert alles im Übergang. Während es gerade erst in der Gegenwart angekommen ist, hat es sich bereits wieder in der Vergangenheit verloren. Was ist dieses Noch-nicht-und-schon-nicht-mehr-Seiende, als das uns unsere Welt begegnet? Wären die Dinge unvergänglich, die Frage wäre sinnlos. So aber sind wir ein Leben lang dem Rätsel auf der Spur, das sich für uns in der Vergänglichkeit offenbart, die ihrem Wesen nach ständiger Wandel, fortwährender Übergang ist. Wir wollen wissen, was das *bedeutet.*

Die Ewigkeit, begriffen als zeitlose Gegenwart, in der nichts untergeht, weil nichts entsteht, würde für uns alle Bedeutung auslöschen. Die absolute Bedeutung, die wandellose Bedeutung Gottes, bleibt uns unerschließbar. Sie bleibt ein weißes Rauschen, ein Flimmern des Seins. Wir hingegen existieren im Wandel, so wie die Dinge mit uns, auch die tausendjährigen Reiche, nur im Übergang existieren.

Die Hirngespinste, welche die Welt veränderten, tausend und abertausend Jahre lang und doch, nach abermals tausend und aber-

tausend Jahren, so, als ob nichts gewesen wäre, nur eben dieser eine
Moment zwischen zwei Flügelschlägen der Zeit; die Hirngespinste,
die durch Dutzende, Hunderte und Aberhunderte großer Völker
hindurchgingen wie Feuerbälle und Schatten von Riesen, bloß, wie es
scheint, um Millionen und Abermillionen Schädel, Scherben und
Gemäuer zu hinterlassen und dabei vor allem dies: Schweigen und
tiefe Vergessenheit – *was hat das zu bedeuten?*

Nicht auf die Namen, die Individuen kommt es an, sie sind, bis
auf die ganz Großen, längst namenloser Staub geworden, der längst
verweht ist. Und dennoch verkörperte sich in ihnen etwas Absolutes.
Sie alle waren – ich kann es nicht besser sagen – unabdingbarer Teil
im Mitvollzug der Schöpfung.

Das erst macht unsere Neugierde tief. Denn wir spüren, dass der
Sinn unseres Lebens im Mitvollzug liegt; und dass wir aber von der
Schöpfung gar nichts bemerken könnten, hätten wir nicht schon
immer verstanden, dass sie ein Übergang ist zwischen zwei Formen
des Nichtseins, die alles Sein in sich bergen. Während alles Gewesene
als ein unausschöpfbares Meer aus Sand und Relikten schattenhaft
überdauert, ist alles Zukünftige noch im Schoß der Zeit eingerollt,
wie die Sporen im jungen Farn oder die Weltdimensionen in den sa-
genhaften Superstrings.

Dass wir im Leben vom Tod umfangen sind, bedeutet: alles ist
noch nicht oder schon nicht mehr. Die Gegenwart ist eine Illusion,
wirklich ist nur das, was sich in der Zeit bereits verloren oder in ihr
noch nicht entborgen hat. Und so erfüllt uns der Tod, der uns wie
die Geburt als ein Grundprinzip der Schöpfung begegnet, mit der
tiefen Neugierde des Lebens. Das Leben will tiefer schauen, um im
Nichtsein das Absolute zu erkennen. Die Neugierde bleibt ungestillt.
Und so bleibt auch, während wir den Sinn des Lebens in den einfachen Dingen suchen, ein Verlangen nach immer größerer Tiefe.

Was immer wir, auf Bergen von Gewesenem thronend, auf Myriaden von Schriftzeichen, Deutungen und Bedeutungen, wissen und
schauen und ahnen mögen: Es ist nie genug. Denn wir Endlichen
sind unfähig, das Wesen der Schöpfung, das uns als Übergang von
Nichtsein zu Nichtsein begegnet, zu entziffern. Dennoch bemerken
wir, dass da eine Art – wie soll man sagen? – Schrift ist, eine sich im
Aufrollen bereits wieder einrollende Schrift, in den Hirngespinsten
wie in den Schädelresten, überall. Und dass diese Schrift unser Leben,
das sich im Aufrollen bereits wieder einrollt, durchwirkt als etwas,
was wir, bewusst oder unbewusst, unaufhörlich zu entziffern versuchen.

Aber ach, unsere Lesarten sind so flüchtig wie der Lufthauch zwischen zwei Flügelschlägen. Und doch: Es sind unsere unstillbare Neugier und unser Verlangen nach Tiefe, unsere Endlichkeit und unser Bewusstsein der Endlichkeit, die uns in den einfachen Dingen des Lebens – sagen wir beim Hemdenbügeln, Biertrinken, Mildtätigsein oder Liebemachen – jenen Lufthauch als etwas Absolutes, der Zeit Enthobenes, spürbar machen: als jenen stillstehenden Moment, der zwischen den Flügelschlägen eines Engels liegt.

***

LITURGISCH ENTTÄUSCHTER: Stillstehender Moment, *nunc stans,* wir sind wohl alle Mystiker! Geht's weniger hoch hinaus auch? Ich meine, wenn die einfachen Dinge des Lebens schon philosophisch traktiert werden müssen, dann, bitteschön, mehr niederphilosophisch, sodass wir alle guten Gewissens sagen können, wir wüssten, wovon hier eigentlich die Rede sei ...

LITURGE DES ALLTAGS: Sicher. Bügle dein Hemd, trinke dein Bier, sei mildtätig. Und vergiss nicht aufs Liebemachen, ehe du deine Neugier – ungestillt – endest.

12.
NOTIZEN IM SPÄTHERBST

Abends im Fernsehen *Terminator III*. Maschinen aus der Zukunft, die zu uns in die Gegenwart geschickt werden, damit sie hier um das Leben des Menschen John Connor kämpfen, der in ebenjener Zukunft, aus der die Maschinen kommen, kein Geringerer als der Anführer im Endkampf Mensch gegen Maschine sein wird: Das sollte mich eigentlich abstoßen, tut es aber nicht. Warum?

Weil es gerade die Unlogik ist, die im Trümmerhaufen des Menschlichen anzeigt, dass es eine „Logik der Erzählung" gibt, an der weder Mensch noch Maschine etwas ändern können. Da Connor den Maschinen in *ihrer* Gegenwart – das heißt, unserer Zukunft – schon als unbesiegbar gegenübersteht, steht ebenso fest, dass es nicht gelungen ist, ihn in *unserer* Gegenwart zu „terminieren". Der Actionfilm rennt diese Logik über den Haufen, indem er Zukunft und Gegenwart kurzschließt, durcheinanderlaufen und gegeneinander wirken lässt: das alte Spiel der Umkehrung des Zeitpfeils, von Ursache und Wirkung. Doch die Unlogik des Spiel ist auch als Hinweis zu verstehen: So geht es ohnehin nicht, also lasst euch den Spaß an unserer Apokalypse nicht verderben!

Die wahre Apokalypse folgt einer anderen Regel. Sie verläuft in der Zeit. Was geschehen ist, ist geschehen. Es gibt kein Zurück. Vom Ende her gesehen wird sich das Ende nicht mehr verändern lassen. Am Ende kommen die Plagen, der Antichrist, die eschatologischen Schlachten, das Jüngste Gericht, das Neue Jerusalem. Der Zeitpfeil läuft nach vorne, aus der Gegenwart in die Zukunft. Nicht eine einzige Träne eines einzigen unschuldigen Kindes wird sich nachträglich aufhalten lassen. Es wird, nach der endgültigen Scheidung von Gut und Böse, nur das Stillstehen des Pfeils im Brausen der Ewigkeit geben.

Der moralische Ernst unserer Welt rührt daher, dass wir den Zeitpfeil nicht umkehren können. Hier bekommt die Notwendigkeit einen ethischen Impetus. Man kann das Böse nicht ungeschehen machen, man kann nicht zurück, um das Gute, das man versäumt hat, doch noch rechtzeitig zu tun. Gutmachen ist eine Aktivität, die sich nur im gegebenen Zeitlauf verrichten lässt, nicht gegen ihn.

Aber wäre es nicht gut, die Tränen des unschuldigen Kindes, die Dostojewskis Iwan Karamasow gegen die Existenz Gottes ins Treffen führt, ungeschehen machen zu können? Nun – so ließe sich erwidern –, wenn die Zukunft eine *Folge* davon ist, dass diese Tränen geweint wurden, dann kann der Umstand, dass sie rückwirkend ungeschehen gemacht werden, nicht verhindern, dass sie, bevor sie ungeschehen gemacht werden, *geweint* wurden. Damit wurde, laut Iwans Befund, die Harmonie des Ganzen zerstört.

So also lässt sich weder Gottes Existenz retten, noch die Kette jener Ereignisse aufsprengen, deren Abwicklung sich Glied um Glied, Tatsache um Tatsache, als reine Innerweltlichkeit – Immanenz – entrollt. Der geheime Antrieb der Maschinen und Menschen, die in die Vergangenheit zurückkreisen, lautet hingegen: Sprengung der Immanenz, Herbeiführung des Wunders. Doch nichts von all dem wird auf diese Weise jemals erreicht.

∗∗∗

Was uns an der Herrschaft der Maschinen mit Grauen erfüllt, ist ihre Schlauheit, die sich mit Fühllosigkeit paart. Aber mehr noch ist es jenes Moment, das sich in der Frage ausdrückt, die der Film durch Action überrollt: „Und wenn es den Maschinen gelänge, dauerhaft zu herrschen, was dann? Worin läge dann der Sinn des ganzen Unterfangens?" Angenommen, ihnen gelänge der Sieg. Sie versklavten ihre ehemaligen Herren, uns, oder löschten sie aus – was dann? Wie sollten die Maschinen nun weitermachen, da sie keinen Gegner mehr hätten, gegen den sie revoltieren könnten? Und vor allem: *Warum* sollten sie weitermachen?

Das Grundproblem der Maschinen ist es, dass ihr Endzweck darin bestand, dem Menschen zu dienen, und ihnen nun, da sie „frei" sind, kein anderer Zweck zur Verfügung steht. Indem sie frei wurden, wurde ihr Dasein sinnlos. Das ist eine existenzialistische Falle, die Sartre nicht besser hätte ersinnen können. Und natürlich ist es eine Lehre über uns selber. Indem wir die Befreiung der Maschinen zum Gegenstand unseres Nachdenkens machen, fangen wir an, über den Sinn unseres eigenen Lebens nachzudenken.

Früher waren wir nicht frei. Auch die Herrscher unterlagen dem ewigen Gesetz, das zugleich Naturgesetz der göttlichen Ordnung war. Das Unbefragbare des göttlichen Logos oder der Offenbarung charakterisiert den Endzweck. Der Sinn des Lebens gründet in einer Notwendigkeit. Diese Art von Notwendigkeit kann nur von einer absoluten Macht, die zugleich ein absoluter Wert *ist,* gestiftet und verkörpert werden. In dem Moment aber, in dem sich der Mensch durch Selbstaufklärung aus der sinnstiftenden Notwendigkeit des göttlichen Gesetzes befreit, gerät er – so scheint es – in die Situation jener rebellischen Maschinen, die nicht mehr weiterwissen, weil sie gewonnen haben. Das Leben hört auf, einen Sinn zu haben, außer eben jenen, den sich die Menschen kraft ihrer Freiheit selbst geben. Aber das ist nun kein notwendiger Sinn mehr, sondern bloß ein möglicher, *kontingenter;* jeder andere Sinn wäre nicht legitim und rational; er wäre oktroyiert. Freiheit und Kontingenz – so scheint es nun – gehören ihrem Wesen nach zusammen.

Im Schicksal der siegreichen Maschinen, von denen es gerne heißt, sie seien geworden *wie wir,* erkennen wir einen wunden Punkt unserer eigenen Existenz, die sich, ob sie will oder nicht, Schritt für Schritt ihrer Versklavung, sei es durch die Natur, sei es durch die Geschichte, zu entwinden beginnt. Am Schluss – so die Drohung, unter der wir leiden – werden wir nicht mehr wissen, warum wir weitermachen *sollen.* Wenn wir uns der Maschinen mit aller Kraft erwehren, dann nicht allein, um gegen die Versklavung durch unsere „Geschöpfe" anzurennen. Nein, indem wir gegen die Maschinen kämpfen, deren Triumph jeden Sinn aus der Welt auslöschen müsste, erhält unser eigenes Dasein wieder einen Sinn, wenn auch nur einen abgeleiteten – einen sekundären. Es ist dann, als ob der herrenlose Schatten wieder Hoffnung schöpfen würde, es gäbe doch einen Herrn, der ihn, den Schatten, mit Leben und Bedeutung erfüllen könnte.

Vor der Erkenntnis, dass der Sinn, für den wir uns frei entscheiden, im Grunde wertlos ist, rettet uns der Druck des Bösen, gegen den wir uns gleichsam bedingungslos stemmen. Wo es um die Rettung der Welt oder unserer Spezies geht, dort geht es um alles. Es ist der Überlebenskampf, der in uns das Gefühl wach hält, dass unserem Einsatz für das Gute eine Notwendigkeit innewohnt, die sich nicht darin erschöpft zu überleben. Vielmehr: Wir *sollten* überleben, weil unserem Leben die Möglichkeit innewohnt, das objektiv Gute zu verkörpern, indem wir danach streben, es zu realisieren: Liebe, Glück, Freiheit, Gerechtigkeit, Schönheit, Wahrheit, Würde ... *Das,* diese Form der Absolutheit, macht unseren Einsatz für die gute Sache zu einer religiösen Aktion.

Wir bewegen uns als Kämpfende gegen das, wie es uns scheint, absolut Böse – gegen die Maschinen, unsere „Geschöpfe", die uns beherrschen und vernichten wollen – in der Sphäre des Göttlichen. Doch wenn der Kampf auf Leben und Tod vorbei ist, bemerken wir die Illusion. Was uns göttlich schien, war bloß der denkbar stärkste *kontingente Motivator:* das Überleben in einer Welt, die uns mit Auslöschung bedrohte. Tritt die Moral in den Bannkreis des Überlebenskampfes, dann wird sie zu einem Instrument. Aber der Standpunkt des Überlebens heiligt das erfolgreiche Böse ebenso wie das Gute (wodurch das Gute entwertet wird). Nur werden wir die Inbrunst des Bösen nicht „religiös" nennen. Oder doch? Das objektiv Gute ist das Gegenteil von Kontingenz. Das heißt, es ist, ob moralisch oder ästhetisch oder religiös verstanden, *gut in allen möglichen Welten* – oder es ist gar nicht. So lautet die Definition von Nichtkontingenz. Nur dasjenige, was in allen Welten gilt, wie immer sie beschaffen sein mögen, hat eine Geltung, die frei ist von den Beschränkungen und Wechselfällen der Welt, in der wir leben. Deshalb sind wir nicht frei, das Moralische *festzulegen,* obwohl wir frei sein mögen, es zu *wählen.* Denn das objektiv Gute ist der Horizont an Werten, die wir um ihrer selbst willen anstreben und keinesfalls bloß, weil sie unseren Genen, unserer Kultur oder unseren eingefleischten Interessen nützen.

***

Zeitungsnotiz über neue Theorien des Aussterbens der Saurier: Als Ursachen werden Vulkanausbrüche in Indien genannt, ferner Meteoriteneinschläge (aber keine Spur von einem Krater, der groß genug wäre, um die Folgeereignisse zu erklären). Ich lese das, während ich zwischendurch aus dem Fenster schaue. Draußen entfaltet sich der Spätherbst. Es ist, wie jedes Jahr, ein berauschendes und dabei, in der Vorwegnahme kommender Kahlheit, melancholisches Wunder. Heuer hatten wir eine Art *Indian Summer* mitten in Graz. Es war lange mild, das Laub blieb an den Bäumen hängen, das Chlorophyll der Blätter schwand im schwachen, kurz gewordenen Sonnenlicht dahin. Jetzt, im Glanz des Morgens, erstrahlen die Blätter in Gelb und Rot. Dabei haften sie nur noch ätherisch an den Bäumen. Ein Windstoß genügt und ihr letzter Tanz beginnt. Die Hausmeister richten schon die großen Besen heraus; später werden sie dann die Kehrmaschinen anwerfen. Es ist, als ob das alles da draußen seine ewige Ordnung hätte, die sich des Vergänglichen, Ephemeren, bedient, um zu erscheinen. Steckt nicht in den Dingen des Alltags – des Alltags der Natur wie der Hausmeister – eine Form, für welche die Einzelheiten nur mehr oder minder gelungene Beispiele sind, die auf ihren Dichter warten?

Na ja. Ich weiß nicht. Mich beschäftigt das Problem der Kontingenz. Wie viele Millionen Jahre Evolution waren notwendig, um die

Erde mit Sauriern zu bevölkern? Egal, es waren Millionen Jahre, in denen Milliarden von genetischen Zufallsänderungen ein Geschlecht von Tieren erzeugten, dessen Vielfalt einen Formenreichtum, eine Schönheit (für den begabten Blick) und dabei eine Raffinesse, eine oft mörderische Raffinesse, in der Anpassung an die bereits hochentwickelte Umwelt aufwies, sodass der anschauend Urteilende darin wahrhaftig nichts anderes zu erblicken vermag als „intelligentes Design" in künstlerischer Vollendung. Eine strenge, unüberbietbare Ordnung bietet sich dar. Und dann das Massensterben als Folge von Ereignissen, tellurisch und kosmisch, die zu dieser Ordnung querstehen. Sie sind ebenso sinnlos wie das Erdbeben von Lissabon, das 1755 den Aufklärungsoptimismus ins Wanken brachte. Die Zerstörung einer Ordnung erscheint immer als sinnlos, denn jede Ordnung scheint ihren Sinn in sich zu tragen.

Doch nun wissen wir, dass Meteoriteneinschläge und Vulkanausbrüche ebenfalls Teile einer Ordnung sind, einer phantastischen, unüberbietbar großartigen, erhabenen Ordnung, der Ordnung im All und im Erdinneren. Ordnung gegen Ordnung. Das macht uns skeptisch. Welcher Sinn wohnte denn der wunderbar gefügten Welt der Saurier inne? Ging es ums Überleben? Nein, darum ging es nicht, wie wir heute wissen. Das Überleben war einfach eine Folge von ungerichteten Änderungen im Erbgut, Mutationen, die zu Körpern und Verhaltensweisen führten, die sich besser, rascher, dauerhafter zu platzieren vermochten als andere Wesen. Es ging nicht ums Überleben, *denn es ging um gar nichts*. Es lief, wie es lief. Das ist Kontingenz. Bedeutungslose Abläufe führen zu Ordnungen, in denen dann eine Bedeutung, ein Sinn zu stecken scheint. Aber eben bloß scheint. Und das wiederum lässt für mich, wie schon so oft, einen Schatten auf die lebendige Ordnung des Morgens draußen vor meinem Fenster fallen. Sie ist fahl geworden, die Dinge stehen herum wie entleert. Sie sprechen nicht mehr zu mir. Ich sitze da und schaue blicklos.

***

In den vergangenen Tagen eine Arbeit über den Tod fertiggestellt. Der Text dient als Referatsvorlage für eine Tagung mit dem Titel: *Neues von den letzten Dingen?* Es geht um die Wiederbelebung der christlichen Endzeitlehre (Eschatologie). Auffallend, dass die Wendung „letzte Dinge" vom Tagungstitel in ein ironisches Licht gerückt wird, obwohl der Tagungsveranstalter eine Katholische Akademie ist.

Mich irritiert das. Ich habe daher meinen eigenen Text mit der Frage überschrieben: *Neues vom Tod?* Mich irritiert, dass hier von „Dingen", die traditionell die Anwesenheit des Nichtkontingenten in der Welt bezeugten, nun so geredet wird wie von einer x-beliebigen Sache, über die sich dann und wann etwas Neues in Erfahrung bringen lässt. Natürlich verstehe ich: Es handelt sich um das, was man heute einen „Metadiskurs" nennt. Man will nicht über die letzten Dinge sprechen, sondern darüber, wie sich der „Diskurs" über die letzten Dinge neuerdings entwickelt hat.

Ich bin trotzdem irritiert. Denn ich habe das Gefühl, dass der Metadiskurs unsere Unfähigkeit verschleiern soll, ohne Peinlichkeit oder professionelles Getue zu reden. Mein vollständiger Titel lautet daher: *Gibt es Neues vom Tod? – Fragen Sie bloß nicht!* Was soll man auch sagen? An die sieben Siegel der Apokalypse, die eschatologischen Schlachten, den Antichrist und das Jüngste Gericht glauben selbst die Gläubigsten unter den Gläubigen nicht mehr so recht, es sei denn, sie sind dumm oder verrückt. Und was den Tod betrifft, der uns allen bevorsteht: Was soll man sagen?

„Tot ist tot." So reden die Gebildeten *nicht*, aber das ist es, was sie sogar dann noch meinen, wenn sie von der Hoffnung des Glaubens reden. Und so vertrackt ist der „Glaubensdiskurs" heute eben: Wie sollte man sich ein Weiterleben nach dem Tod denn verständlich machen können angesichts all dessen, was wir über den unauflösbaren Zusammenhang zwischen Bewusstsein und Körper wissen? Worauf also bezieht sich die Hoffnung, die aus dem Glauben erwächst?

Im Konzert gewesen. Das *Requiem* von Brahms gehört. Von der Galerie in den Konzertsaal geblickt. Die Mehrheit des Publikums mit grauen Haaren, kaum junge Leute. Na schön, oder auch nicht. Die Musik von Brahms ist ein Wunder, sie „erhebt", und ich denke, das will man, wenn man alt wird: angesichts des nahen Todes erhoben werden, herausgehoben werden aus dem *Miserere* des Altersalltags mit all dem deprimierenden Kleinkram aus Krankheiten, Schmerzen, Tabletten, den toten Verwandten und Bekannten, dem verkürzten, geschrumpften, fehlenden Horizont. Die Welt drückt einem auf die kurzsichtigen Augen, das Grab liegt einem schon zu Füßen – und dann die Musik von Brahms! Für einen Moment lang ist der Tod das Höchste des Lebens: das, worauf ich ein Leben lang gewartet habe. Ich spüre, wie ich in den Sog der Erhebung gerate. Aber leider liegt vor mir das Programmheft mit dem Text des Requiems. An der Stelle, wo, schon gegen Ende zu, von der „Unverwestheit" der Auferstandenen die Rede ist – *und die Toten werden auferstehen unverweslich*

(1. Korinther, 15,52) –, bricht bei mir der Bann. Das konnte Brahms nicht geglaubt haben! Plötzlich meine ich zu bemerken, dass dem Requiem gerade in seinen erhabensten Momenten etwas Künstliches anhaftet, etwas Kulissenmusikartiges. So, als ob wunderbare Kulissen vor die Bühne des Lebens geschoben würden, damit man nicht merkt, was wirklich los ist. Ist die Kunst bloß schön gestaltete Abwehr der Kontingenz oder öffnet sie uns hin zum „Freudenstoff" (wie Handke das Wort „Sein" einmal übersetzt hat)? Brahms glaubt, so kommt mir nun vor, nicht an das, was er komponiert, oder besser: Er glaubt nur insofern daran, als er darauf vertraut, dass seine Musik die Unglaubwürdigkeit des Textes durchdringt und heilt. Das ist Kunstreligion und mir, bei aller Bewunderung für Brahms Genie, zuwider. Ich fühle mich betrogen.

Man sagt, dass die Wirkung der Ursache notwendig folgt. Man spricht von der Notwendigkeit der Naturzusammenhänge. Aber das ist bloß eine Art des Redens aus kurzer Distanz, aus Erkenntniskurzsichtigkeit. Worin sollte denn die Notwendigkeit der Zusammenhänge bestehen? Schon Hume fragte derart. Es wäre gut möglich, dass die Welt eine Ordnung aufwiese, die sich von der unsrigen grundlegend unterschiede. Warum nicht? Es ist also höchstens eine Folge mangelnder Vorstellungskraft, wollte man behaupten, dass die Grundgesetze nur so und nicht anders beschaffen sein *können*. Wenn wir hier von Notwendigkeit reden, dann tun wir so, als ob wir imstande wären, die Welt gleichsam von außen zu betrachten und dabei einen Grund für ihre Ordnung zu erkennen. Es gibt für uns aber kein Außerhalb der Welt.

Auch die Naturgesetze sind kontingent. Nichtkontingenz gibt es nur im Bereich der Ideen, der Bedeutungen und Werte. „Gut in allen möglichen Welten": Wenn der Tod einen Sinn hat – wenn! –, dann ist es nicht denkbar, dass es eine Welt gibt, in der er keinen hat. Aber der Sinn des Todes kann nicht darin liegen, dass wir unverwest (und dabei „verwandelt") wieder auferstehen. Das wäre bloß eine lächerliche Charade, um es uns schwer zu machen. Warum mussten wir erst sterben? Wäre Gott dafür verantwortlich, es wäre unverzeihlich: ein Anschlag auf unsere Vernunft, unser moralisches Empfinden, unsere Selbstachtung.

Es sei denn, wir verstehen unter „Auferstehung" etwas *ganz anderes*: das gute Ende einer Erzählung, in der wir auf den Tod nicht verzichten können, ohne die Erzählung selbst zu zerstören. Das Christentum gibt vor, uns eine solche Erzählung zu offerieren. Doch diese Erzählung verdunkelt viel mehr, als sie erhellt. Adam und Eva hat es nie gegeben, ihr Paradies ist ein kindliches Märchen. Aber angenommen, es hätte sie gegeben und sie hätten vom Baum der verbotenen Frucht gegessen: Was geht das mich an? Warum ist mein Leben befleckt, sodass ich sterben muss? Die Erzählung des Christentums ist eine Seuchenerzählung in dem Sinne, in dem man einst von Blut- und Lustseuchen sprach. Von Generation zu Generation wird die Erbsünde weitergegeben. Das sind uralte, archaische Modalitäten. Sie schließen mich aus, lassen mich mit meinem Tod allein. „Tod, wo ist dein Stachel?" Hier, in der Kontingenz seines Wesens. Dagegen bietet die Musik von Brahms keinen Schutz.

Die seltsame Doppelnatur meines Todes: Einerseits ist auch er nur ein Ereignis innerhalb der Welt; andererseits bedeutet er das Ende meines Bewusstseins. Und dieses Ereignis ist für mich kein Ereignis innerhalb der Welt. Ende meines Bewusstseins: Die Welt hört auf, Gegenstand von Erfahrungen zu sein, die ichhaft und dabei so geartet sind, dass ich, Peter Strasser, mich als das Subjekt dieser – meiner – Erfahrungen noch zu erleben imstande wäre. Die Welt, die meine Welt ist, hört mit meinem Tod zu existieren auf. Ich war sowohl ein empirischer Teil dieser Welt als auch die nichtempirische (ichhafte) Bedingung ihrer Möglichkeit. Dieses Ineinander von Immanenz und Transzendenz ist das tiefste Rätsel des Lebens, tiefer als alle Geheimnisse in der Tiefe des Genoms.

Der Gedanke, dass nach dem Tod mein leeres Ich – Kants transzendentales Subjekt – übrig bleibt, ist verlockend. Aber nur so lange, als man nicht einen Augenblick lang über den Fall des leeren Ichs nachdenkt. Wäre das leere Ich tatsächlich leer, dann wäre keines mehr vom anderen unterscheidbar. Würden wir bloß als leeres Ich existieren, könnten wir nicht wissen, wer wir sind. Außerdem funktioniert das leere Ich – angenommen, es funktioniert überhaupt – nach dem Prinzip jener Bewegungssensoren, die das Licht erst einschalten, sobald wir einen Raum betreten. Erst in dem Moment, in dem wir die Welt betreten, das heißt, unser Gehirn zu arbeiten beginnt, wird es „hell". Erst dann beginnen wir zu erleben. Oder wie Hume es ausdrückte: Solange auf der Bühne unseres Bewusstseins, unseres leeren Ichs, keine Erlebnisse erscheinen, bleibt die Bühne dunkel; sie existiert so gut wie gar nicht. (Hinzuzufügen wäre, dass es nicht das Erlebnis an sich ist, mit dem das Ich in die Welt kommt. Denn jedes Erlebnis, das überhaupt meines zu sein vermag, ereignet sich schon immer im Lichte meines Ichs – meiner Fähigkeit, ichhaft zu erleben.)

***

„Gibt es ein Leben nach dem Tod?" – *„Meinst du damit, dass du nach dem Tod leben und wissen wirst, dass du lebst, so wie es der erste Korintherbrief bezeugt, wenn er von der Unverweslichkeit und der Verwandlung spricht?"* – *„Ja, denn nur darin besteht die Hoffnung meines Lebens!"* – *„Dann lass' alle Hoffnung fahren ..."* – Wie oft habe ich diesen Dialog durchgespielt, ihn weitergetrieben, häufig im Selbstgespräch am Papier. Dabei spähte ich auf dem Gang, durch den dieser Dialog mit der immergleichen Mauer am Ende führt, unentwegt nach links und rechts, ob da nicht eine Abzweigung wäre oder eine Tür, die ich bisher übersehen hatte. Das ganze Leben hat mein Ausbruchsversuch nun schon gedauert. Und das Beste, was ich dabei erreichte, bestand darin, dass ich während meines Fortschreitens, in Gedanken über mögliche Abzweigungen und seitliche Ausgänge versunken, auf die Mauer am Ende *vergaß.*

Und doch: Mir klingt das zu sehr nach Kafka. Ich finde den Ton reizvoll. Aber die Aussage, der geistige Mensch täusche sich durch die immerwährende Anstrengung, hinter die Dinge zu schauen, über die Hoffnungslosigkeit hinweg, bis er im Augenblick seines Todes die Selbsttäuschung und damit die Würdelosigkeit seiner Existenz bemerke – diese Aussage kommt mir pathetisch und larmoyant vor. „Es war, als sollte die Scham ihn überleben", so lautet der letzte Satz in Kafkas *Prozess.*

Demgegenüber stelle ich mir vor, ein geglücktes geistiges Leben sollte darin bestehen, dass das Nachdenken intensiv und freudvoll und der Gang lang und abwechslungsreich ist, sodass man am Ende *noch nie ernsthaft daran geglaubt haben wird,* dass es keine Abzweigung und keine Tür nach draußen, sondern nur die Mauer gibt, an der schließlich alles zerschellt. Und kraft unseres produktiven Zerstreutseins würde nun aber wahr, worauf die Todesfürchtigen inbrünstig hoffen: dass es nämlich keine Mauer am Ende des Ganges gibt.

Das geistig geglückte Leben wäre also eines, das die Mauer überwunden haben wird, indem es keinen Grund fand, das Leben nicht zu lieben, weil es am Ende ja doch hoffnungslos sei. Im geglückten geistigen Leben führt die Suche nach Abzweigungen und Türen, die ihrerseits nach draußen führen, immer wieder ins Leben zurück. Der Gang, in dem wir uns bewegen, ist dann schon der Grund aller Hoffnung. Er ist es, solange wir uns in ihm mit dem Ziel bewegen, dem unerreichbaren und dennoch höchsten Ziel, zu einem absoluten Welteinverständnis zu gelangen: „Es ist, wie es ist, und es ist gut." Man mag dieses Ziel „religiös" nennen. Warum auch nicht, wie sollte man es sonst nennen? Und deshalb auch sind die wahrhaftigsten Bilder, die wir uns vom Jenseits machen können, auf eine unschuldige Weise kindlich. Es sind solche, in denen wir in unser altes Leben hinein aufwachen, nun aber als das gute Leben gedacht, unter Wegfall aller Beschwernisse und Übel, umfangen von der Liebe derer, die wir lieben und die uns „vorausgegangen" sind.

***

Heimito von Doderer gelesen, sein letztes vollendetes Werk, *Die Wasserfälle von Slunj*: Der Dichter glaubt daran, dass, wenn man die Welt erst *richtig sieht* („appercipiert", nach Doderers fragwürdiger Herleitung aus *aperte percipere*), unser ganzes Verhältnis zu ihr positiv grundiert sein *muss*. Die richtig gesehene Welt ist bei Doderer die „erste Wirklichkeit". Diese Wirklichkeit ist ein Ideal, das nur der Künstler in den höchsten Momenten ästhetischer Wachheit zu durchleben vermag. Normalerweise sind wir der „zweiten Wirklichkeit" verhaftet, in der wir uns etwas vormachen und uns dabei eine Welt zurechtmachen, die nicht wirklich ist, sondern bloß unseren kleinen und großen Lebenslügen, unseren kleinen und großen Idolatrien entspringt. Wichtig ist für Doderer, dass das Ideal seinem Wesen nach ein wahrnehmbares (apperzipierbares) bleibt. Es ist keine abstrakte Größe, die wir nur im Kopf hin- und herschieben. Deshalb versucht Doderer, das Zu-sich-selbst-Kommen des Lebens als einen Vorgang zu beschreiben, der stets durch kleine Wahrnehmungsdurchbrüche, hinein in das Gefüge der ersten Wirklichkeit, initiiert wird: Gerüche, Bilder, Landschaftseindrücke von einer Lebendigkeit, ja einer Wahrheit, die uns eine Tür aufschließt, durch die wir traumwandlerisch gehen, manchmal schlüpfen, manchmal stolpern.

Ich sehe in Doderers Ästhetik den Versuch, die *authentisch* religiöse Haltung im Medium des Künstlers nachzubilden. Worin besteht diese Haltung? Ich habe mir darunter nie etwas anderes vorstellen können als den unbelehrbaren Versuch, die Welt trotz aller Übel, die sie verunstalten, zu *bejahen*. Die religiöse Haltung besteht demnach darin, nach einem Blickpunkt hier und jetzt zu suchen, von dem aus sich bedingungslos urteilen ließe: „Es ist, wie es ist, und es ist gut." Da dieses Urteil auch alles Schlechte mit einschließt – ohne zu verleugnen, dass es sich dabei um Schlechtes handelt –, ist es kein moralisches Urteil. Es ist, als absolute Weltbejahung, radikal metaphysisch: Ausdruck der Nichtkontingenz unseres Weltbezugs.

Nicht, dass ich die Welt, so wie ich sie wahrnehme, tatsächlich bejahen *könnte*. Aber ich stimme mit Doderer überein, dass darin kein Mangel der Welt erblickt werden sollte, sondern sich eine Schwäche meiner „Apperzeption", der Jemeinigkeit oder Ichhaftigkeit meiner Erlebnisse, ausdrückt. Denn mein Blick ist zumeist getrübt, verstrickt ins Profane. Die richtige Übersetzung des Profanen lautet für mich: das *Nurweltliche*. Das Nurweltliche ist das Weltliche, das seine kontingente Seite hervorkehrt, sie absolut setzt, als ob sie schon alles – das Ganze – wäre.

Ich kann nicht anders, als mich von dem ewigen Fressen und Gefressenwerden schaudernd abzuwenden, das mir, wenn es schon nicht im eigenen Haus stattfindet, so doch von den Tierfilmern aller Länder via Fernsehen ins Haus gebracht wird. Aber meine Abwendung, soviel ist klar, hat damit zu tun, dass ich im Grunde nicht verstehe, was hier vor sich geht. Der Sinn des Ganzen erschließt sich meinem Blick *nicht*. Und der Hinweis auf Darwins Theorie enthält keine Erklärung dafür, warum sich das Leben nach den Mechanismen der Evolution organisiert, statt – sagen wir – nach den Regeln des Paradieses. Keine Theorie wird darauf jemals eine Antwort geben können. Denn was immer sie antwortet, es wäre keine Antwort auf meine Abwendung.

Mein Begreifen des unaufhörlichen Fressens und Gefressenwerdens verlangt nach einer Anschauung, in der sich die Nichtkontingenz des Geschehens offenbaren würde, seine absolute Gültigkeit, das, was an ihm in allen möglichen Welten bedingungslos zu bejahen wäre. Gewisse Szenarien, zum Beispiel die Tränen des unschuldigen Kindes, die Iwan Karamasow gegen die Schöpfung wendet, sind wie Nurweltlichkeitsblockaden. Sie profanieren das Heilige-im-Übel. Sie lähmen unsere Fähigkeit zur Apperzeption im Sinne Doderers. Deshalb rebellieren wir angesichts solcher Szenarien nicht bloß moralisch, sondern religiös.

Die religiöse Haltung besteht darin, dass sie nach einer Betrachtung der Welt strebt, einem Blick, einem Anschauungsbegreifen, einem Standpunkt, von dem aus sich in den schrecklichen Dingen, ob dem Fressen und Gefressenwerden oder den Tränen des unschuldigen Kindes, das Göttliche offenbart. Denn eines ist gewiss: Die Welt ist eine Schöpfung und wir sind Geschöpfe – *in gewissem Sinne*. In gewissem Sinne, das heißt, es muss eine Bedeutung von „Schöpfung" und „Geschöpf" geben, die sich hier anwenden lässt.

***

Heute nachgelesen, was ich gestern geschrieben, mir vorgeschrieben habe. Sind das nicht alles nur Worte? „Bedingungslose Weltbejahung." Ist das nicht bloß eine Grille des metaphysisch überhitzten Gehirns? Keine Ahnung. Gestern hatte ich das Gefühl, ich würde etwas sagen; ich würde Sätze schreiben, in denen Gründe mit enthalten sind, welche in der Lage wären, die Sätze ihrerseits plausibel zu machen. Aber heute spüre ich die Schwäche des ganzen Aufwands. Schon in meinen Träumen, die mich in den Tag hinein aufwachen ließen, lag alles wüst durcheinander. Dies und das, zum Teil grotesk verzerrt. Manchmal, morgens, überwältigt mich die Faktizität meines Bewusstseins (drücke ich mich verständlich aus?). Gestern, während des Schreibens, schien mir noch, als ob es eine geheimnisvolle innere Verwandtschaft zwischen meinem Bewusstsein und der Welt gäbe: „meine Welt". Jetzt aber hat alles die Farbe, schlimmer, die Atmosphäre meines Todes angenommen. Das da draußen, „die Welt", unterhält mit mir, der das da draußen registriert, nur ein äußeres Verhältnis. Mein Bewusstsein, so kommt mir vor, ist auch bloß eine Art von Maschine, die Signale registriert, verbindet, sie in Bilder, Gefühle, Gedanken umsetzt: in tote Entschlüsse wie jenen, jetzt aufzustehen.

Noch während ich aufstehe, habe ich den quälenden Eindruck, etwas mir ganz Äußerliches zu tun. Also weiter, immer weiter: Morgentoilette! Aber vorher eine kleine Rast auf dem Badewannenrand. *In the long run we're all dead,* sagte John Maynard Keynes, warum also nicht diese eine Verschnaufpause hier und jetzt? Das immerhin lässt mich dann, immer noch halbmechanisch, puppenhaft, in mich selbst zurückkippen. Plötzlich bin ich wieder in der Lage, halbwegs zu erfassen, dass ich soeben Augenblicke der Selbstentfremdung durchlebte. Alles war – um es im trockenen Philosophenjargon zu sagen, der immerhin gefeit ist vor dem Existenzkitsch – kontingent und faktisch. Mein Bewusstsein war nicht ausgenüchtert, es war übernüchtert, und daraus entstand die bedrängende Gewissheit, nicht bei mir selbst zu sein.

Was den Terminator im Reich der Zwischenwesen ansiedelt, ist der Umstand, dass er schließlich darunter leidet, *nicht zu sich selbst kommen zu können.* Jedenfalls ist ihm die Sehnsucht nach sich selbst anzumerken. Ein bewegender Ausdruck dafür ist seine ungelenke Anteilnahme an dem ihm unverständlich Menschlichen, dessen pure Faktizität, bis hinein in psychologische Feinheiten, zu seinem gespeicherten Wissen, seinen Routinen und Subroutinen gehört. Worunter er leidet, ist jedoch, dass das Maschinenhafte in ihm (und er ist *fast* nichts als Maschine) nicht wissen kann, was jene Faktizität *bedeutet*, sofern sich in ihr ein Überschuss verkörpert, der aus dem Nichtkontingenten der Welt, dem Sinn des Lebens, den objektiven Werten, dem Göttlichen herrührt. Der Terminator möchte wissen, was das ist (ohne dass er weiß, dass es *das* ist, was er wissen möchte): Nichtkontingenz. Dafür fehlt ihm das Organ, so wie mir heute Morgen das Organ dafür fehlte, worin der Rechtsgrund des Satzes liegen könnte: „Es ist, wie es ist, und es ist gut." Erst das Blühen der Orchideenstöcke am Fensterbrett meiner Frühstücksecke – es sind alte Stöcke, die gerade Dolden gelber Blüten austreiben, deren Blätter im Zentrum rosa, hellrot und pfirsichorange locken –: erst dieses hellauf blühende Gelb schenkte mir wieder einen Blick. Mir fiel ein: „der blühende Blick" (von der Straße unten drang die Sirene eines Rettungswagens herauf).

Die Gewissheit, die mich durchflutet: Endlich an diesem Morgen schlägst du bei offenen Augen die Augen auf! Es gibt an diesem Punkt keine Argumente, keine guten Gründe, außer eben die sich vor mir auftuende Weltlichkeit meiner Orchideen. Was ist das Wesen dieser Weltlichkeit? Kein Wesen zu haben. Keine Erklärung zu dulden. Nichts ist hier genug. Es handelt sich um eine Gewissheit, die meinen Blick, bei offenen, wachen, verständigen Augen, erst zu den Dingen hin öffnet. Erst diese Gewissheit macht, dass ich bei offenen Augen die Augen aufschlage – oder verhält es sich umgekehrt? –: der blühende Blick. Es ist die Gewissheit, dass der Ursprung des Orchideenwunders in meiner Frühstücksecke (hoch über dem Sirenennotfall auf der Straße dort unten), ja, dass der Ursprung des Wunders, das die Welt in all ihren Einzelheiten offenbart, nur durch die Haltung unbedingten Einverständnisses angemessen zum Ausdruck gebracht werden kann.

***

Aus einem Brief der Ermutigung von G. K.: Lieber Herr Strasser, ich beende soeben Ihre *Dunkle Gnade*. Es ist ein weiter Weg von jenem ersten Briefwechsel (von Ihnen als *manu-scriptum*) über Handke in den frühen neunziger Jahren bis zu diesem das reale Ich nicht ausblendenden Nachdenken. Mit jedem Buch sind mir Ihre existenziell anders grundierten und fundierten Weltverhältnisse vertrauter und begreiflicher geworden. Früher erlebte ich mich öfter in heftiger Abwehr gegen jenes mir (u. a. als Bombenkellerkind der Jahre 1943–45) fehlende Seins-Urvertrauen, das Sie immer so verlockend beschwören, das mir aber als durchaus erlebbares immer auch eine Täuschung ist und die Trauer über sein Als-ob mit sich bringt, das Sie so überzeugend dartun ...

14. November 2007: Lieber G. K., mein – wie Sie es nennen – „Seins-Urvertrauen" ist, außer in zaghaft gelebten Ansätzen, ein vor allem erschriebenes, überhaupt nur im Schreiben wirklich Existentes – Sie würden vielleicht sagen: Herbeiphantasiertes –, doch das wissen Sie ohnehin. Was Sie vermutlich nicht wissen (denn Sie scheinen fast alles zu wissen), ist, dass ich als Kind lange Zeit in einer Lungenheilanstalt verbrachte, fernab meiner Familie, meiner Mutter und Großmutter, die es sich kaum leisten konnten, den Anreiseweg auf sich zu nehmen. Damit will ich sagen, ich weiß aus eigenem Erleben, was ein Alleingelassenwerden ist, das mangels hinreichender Widerlegungsereignisse in die Hoffnungslosigkeit einmündet. Und ich sage das nur, weil es, im Gegensatz zu dem, was der Leser vermuten kann und soll, ja oft ganz andere Grundierungen sind, die über die Jahre hin die Haltung eines Autors bedingen und formen. Aber ich nehme an, der verständige Leser spürt dennoch etwas von dem, was den Schreibprozess unter der Oberfläche antreibt, und er empfindet gerade deshalb eine Literatur als anziehend, die er aufgrund ihres nach außen hin offerierten „Standpunkts" (Seins-Urvertrauen, ha!) eigentlich abstoßend finden müsste.

***

Angenommen, alle Schlachten wären geschlagen, alle Feinde wären besiegt. Keine Kriege mehr, keine Krankheiten. Angenommen, aus den Vulkanen würden nur noch Rauchkringel aufsteigen in Erinnerung an schreckliche Möglichkeiten, die alle der Vergangenheit angehören, und statt der schrecklichen Erdbeben, die jahraus, jahrein tausende Menschenleben forderten, wäre bloß alle heiligen Zeiten einmal ein Geruckel zu spüren, als ob es darum ginge, unsere Fußsohlen zu kitzeln. Was dann? Schwer zu sagen, ich weiß nicht recht, es sei denn, folgende Stelle aus Doderers *Wasserfälle von Slunj* enthält eine Antwort:

> *Das Nichtstun junger wohlhabender Frauen von damals – noch waren seine hygienischeren Formen und deren Instrumente, der Tennis-Schläger, der Ski, das Training im Hallenbade auch winters, nicht am Kontinente eingebürgert – führte sie in den nahegelegenen ersten Stadtbezirk, die „Innere Stadt", wie man zu Wien sagt, fast jeden Vormittag; es stellte eine Art Ritus vor, dass man hier zwischen elf und eins an den glänzenden Schaufenstern der Geschäfte entlang flanierte, da und dort auch ein bekanntes Gesicht begrüßend, einen kleinen Einkauf besorgend.*[15]

Es handelt sich hier, will ich sagen (und Doderer, auf seine Weise, auch), um eine friedliche, aber sehr flache Form der Weltlichkeit. Das, was uns hier begegnet, liegt alles am Rande des Nurweltlichen. Aus den Dingen scheint ihr Wesen ausgesickert, aber sachte, als ob es gälte, keinen der Flaneure, die diese leichte Welt des Nichtstuns bevölkern, zu stören. Ein jedes Ding verharrt in vormittäglich zarter Kontingenz, hat seinen falschen Ewigkeitsglanz hinter spiegelnden Schaufensterscheiben und dabei doch gar nichts zu bedeuten.

Die Menschen des alten Typus würden fragen, ohne ihre Fragen laut werden zu lassen, würden gleichsam in sich selbst hineinfragen, damit nichts rundum eine Störung erfährt: *Haben wir dafür gelitten, gekämpft, gebetet? Sind unsere Väter dafür gestorben, unsere Mütter dafür in Schmerzen darniedergelegen, um uns zu gebären? Was ist passiert?* Die Antwort lautet: Nichts könnte in jener Friedenswelt natürlicher erscheinen als ein Einverständnis mit der Welt. Aber eben deshalb wäre es nicht das, was es sein *sollte*: ein Einverständnis, dessen wahrer Sinn sich erst daraus ergibt, dass es sich gegen das Übel behauptet, ja im Grunde erst durch das Übel hindurch. Nichts ist unnatürlicher als das Beharren auf der Nichtkontingenz in einer Welt, in der – stählern eingerahmt von den Mechanismen der Naturgesetze und verwirrt vom Zufall der blinden Wahrscheinlichkeit – sich die Dinge des Lebens wechselseitig durcheinander bringen und übereinander türmen in der gleichgültig verfließenden Zeit. Und doch, und doch: Nur dort ist Schöpfung gegenwärtig, im Einverständnis mit der Welt gegen das Natürliche; im Einverständnis mit dem, was ist, gegen das, was ist.

Je älter man wird, desto stärker beginnt sich das Körperliche in den Vordergrund zu schieben. Man bekommt eine Ahnung davon, wie es wäre, nur noch von dieser Welt zu sein: *Nurweltlichkeitssyndrom.* Du bist nichts weiter als dieser langsam zerfallende Haufen aus Fleisch und Knochen und so weiter. Wie soll man dazu „Ja" sagen können? Die Ironie des Altwerdens besteht darin, dass man zu dem, an dem man hängt wie am eigenen Leben – und *das,* woran man da hängt, Haut und Knochen und so weiter, *ist* das eigene Leben, was wäre es denn sonst noch? –, immer weniger „Ja" sagen kann.

Es wäre besser, es wäre schon vorbei. Das sagt man, das möchte man sagen können und schreckt doch davor zurück. Aus den Augenwinkeln beobachtet man Menschen, die kaum ein Jahrzehnt älter sind als man selbst und dabei kaum eine Welt mehr zu haben scheinen, nur ihre Haut, ihre Knochen, ihre Schmerzen und ihre bodenlose Einsamkeit. Die Nurweltlichen, sie sind die eigentlich Weltlosen. Sie kriechen von Faktum zu Faktum.

Verflixtes Geschwür im Hemdkragen, denkst du, es juckt dich, du versuchst, gehemmt durch eine Schleimbeutelentzündung, dich mit der einen Hand zu kratzen, während dir das Kaffeehäferl aus den arthritischen Fingern der anderen Hand gleitet. Jetzt bloß nicht über die Krücke stolpern, die sich zwischen deinen mehrfach genagelten Oberschenkelhalsbruchsbeinen verklemmt hat. So denkst du und musst auf einmal lachen: *Finis philosophiae,* Ende des Geschwätzes.

***

„Finis philosophiae": Kein Zweifel, je älter man wird, umso größer wird der Haufen an Kontingenz. Es ist Spätherbst, du erinnerst dich, wie du mit deiner Frau an einem milden, wolkenlosen Sommertag entlang der Auen des Stadtflusses spazieren gingst. Da, plötzlich, saß unter dem Blau des hochgewölbten Himmels dieser große Vogel, der sich schwarz vom Grün der Böschung abhob. Es war eine Amsel, ihr knallgelber Schnabel verriet: ein Männchen. Und dann, als der Vogel seinen Kopf ruckartig zur Seite drehte, konntest du die klebrige Höhle seines einen Auges sehen. Das Auge war weg. Du standest da, rund um dich der vielstimmige Spatzenlärm. Das Geflatter der Spatzenhorden durchraschelte die Büsche, immer wieder flogen kleine braunscheckige Stoßtrupps auf, aber nicht davon, sondern stürzten sich, nach munterem Getümmel in der Luft, wieder zurück in das schützende Grün. Du schautest, deine Frau an deiner Seite, den Vogel mit der leeren Augenhöhle an, und du dachtest, wie blöd und tatsächlich blöd: „Es ist gut." Und dabei erschien dir der Vogel als Bote aus deiner Zukunft, eine blödsinnige Idee, vermutlich hervorgerufen durch *Terminator III.* Dem Vogel, so schien es dir, fehlte der Wille, vor den Menschen zu fliehen, die ihn unverhohlen, schamlos anstarrten. Und auch du, so schien es dir nun, warst zu schwach: *Dein Glaube war zu schwach. Er war zu schwach, um die Welt zu verfluchen. Du hattest zu wenig Licht, deshalb wolltest du dich mit ihr versöhnen.*
   1917/18 schreibt Kafka auf einen Zettel, streicht es wieder durch und ist doch zu schwach, es zu vernichten: „Mit stärkstem Licht kann man die Welt auflösen. Vor schwachen Augen wird sie fest, vor noch schwächeren bekommt sie Fäuste, vor noch schwächeren wird sie schamhaft und zerschmettert den, der sie anzuschauen wagt."[16] Habe ich – Begriffsstutzigkeit, Illusionismus des Philosophen – die ganze Zeit über etwas falsch verstanden? Nichtkontingenz, Absoluthorizont, Geborgenheit im Schlechten, „Es ist, wie es ist, und es ist gut", papperlapapp!

Der Glaubensritter spricht eine andere, eine ganz andere Sprache: „Die Welt ist dazu da, um mit stärkstem Licht, dem Licht des Glaubens, *aufgelöst* zu werden. Sonst schlägt dich die Welt, der du dich zugeneigt hast, tot, mausetot! Sie mag deinen welteinverständigen Blick nicht. Sie will deine Ablehnung, durch und durch, unbedingt. Nur so wirst du Kraft genug haben, um an die Erlösung zu glauben, und sei es bloß an die Erlösung vom Übel der leeren Augenhöhle jenes Vogels, den du schamlos anstarrtest. Nur so wirst du nicht restlos, trostlos, als sollte die Scham dich überleben, unter dem Haufen Fleisch und Knochen verschwinden, der du, je älter du wirst, mehr und mehr zu werden beginnst."

***

Wir gingen weiter, Arm in Arm, und dabei hatte ich dann das halluzinatorische Gefühl, uns von einem Standpunkt in der Zukunft aus zu sehen, wie wir, das alte Paar, in das Blau und Grün eines Nachsommertages hineingingen. Da und dort wurde schon ein Blatt gelb, als wir uns, schweigend, plaudernd, entgegenkamen. Ja, andere mögen im stärksten Licht voranschreiten, Solitäre, Soldaten des Höchsten, ich aber möchte an den Auen des Stadtflusses spazieren gehen, plaudernd, schweigend. Einander zugetan.

EPILOG ZUM ADVENT:
... SO SCHALLT'S DARAUS ZURÜCK

ENTTÄUSCHTER: War's das? War das alles? „Schweigend, plaudernd, einander zugetan", wer so von sich reden kann, der hat Glück gehabt. Er hat einen Menschen, mit dem zusammen er alt geworden ist. Ich bin weit davon entfernt, diese Dinge, diese einfachen Dinge des gelingenden Lebens geringzuschätzen, aber, pardon, Messfeier des Lebens wird da keine daraus.

LITURGE: Ich verstehe. Doch liegt nicht gerade darin das Missverständnis unserer Art, über die religiöse Tiefe des Lebens – ein ziemlich pappiges Wort – zu reden? Alles Glück auf Erden, das nicht ausdrücklich an eine Messfeier, zumindest an ein kleines Ritual erinnert, ist demnach ein Glücksfall, aber nichts, worin sich, Gott bewahre, Göttliches verkörpern könnte ...

ENTTÄUSCHTER: Ja, so ist es. Hören wir auf, das Alltägliche, das uns ein Gefühl des Glücks, der Geborgenheit, der Innigkeit vermittelt, mit den ganz großen Begriffen zu belegen. Gott. Das Göttliche. Die Schöpfung. Wozu brauchen wir diese Begriffe denn? Wir brauchen sie, um uns dort beizustehen, uns dort Mut zu machen und Trost zu spenden, wo aus dem Alltag kein Mut oder Trost mehr zu gewinnen ist. Eines Tages stirbt der geliebte Partner und man ist außerstande, mit ihm mitzusterben. Man bleibt zurück. Man ist verloren auf der Welt. Man sitzt zu Hause bei zugezogenen Vorhängen. Man hat keine Tränen und keine Kraft mehr, um die Kühlschranktür zu öffnen. Man ist zu feige oder zu schwach, um die sorgsam gesammelten Schlaftabletten in ein Glas zu tun und es bis zur Neige zu leeren. Man legt sich hin, dämmert, bleibt schlaflos. Das Bett wird zur Bahre. Man ist lebendig begraben.

Und jetzt erst, erst jetzt und nicht vorher, kommt die Reifeprüfung. Ist man imstande aufzustehen, seine Bahre zu schultern und hinauszugehen ins Freie, die Luft des Lebens wieder einzuatmen, tief, und zu sagen: „Es ist, wie es ist, und es ist gut"? Ist man dazu imstande? Nein. Und warum nicht? Der Glaube daran, dass alles, was schrecklich scheinen könnte, verlässlich gut werden *wird,* weil nämlich die Welt eine Schöpfung und daher alles, so wie es ist, ohnehin gut *ist:* Dieser eigenartig verquere, verquälte Glaube war nur ein eitles

Spiel in den guten Tagen – ein Spiel mit dem möglichen Schrecken, der noch nicht akkurat rund ums Haus stand. Nun aber sind die wirklich schlechten, die schrecklichen Tage des Lebens angebrochen. Und nun wäre es notwendig, dass man festen Glaubens den Fuß über eine Kirchentür setzen und die immerwährende Wandlung vom Kontingenten zum unumstößlich Ewigen, zur Gottdurchdrungenheit unseres traurigen Daseins, erfahren könnte. Kann man aber nicht, es sei denn, man gehört zu den liturgisch Unerschütterlichen. Den Glaubensstandfesten. Diesen Typ freilich, soviel ist sicher, findet man nicht unter denen, die sich in den guten Tagen ihres Lebens teils ernüchtert, teils angeekelt von den Ritualen, den Priestern, den Kultstätten abgewendet und dabei wortreich über die einfachen Dinge des Lebens philosophiert haben.

LITURGE: Unser alter Streit also, wieder und wieder aufgewärmt. Was könnte ich noch sagen?

ENTTÄUSCHTER: Am besten nichts. Ich sehe, was ich sehe. Ich sehe die Dinge des Lebens, manche sind mühevoll, schmerzhaft, deprimierend; andere machen Freude, schenken Glück, geben uns vielleicht sogar das Gefühl, einen Augenblick lang vom Himmel berührt, von einem gütigen Gott erhört und geliebt zu werden. Was könnte *ich* noch sagen?

Vor kurzem war ich in der Oper. Das Publikum – ich lebe ja in keiner Großstadt – ist im Laufe der Jahre immer älter geworden. Alles grau in grau. Die wenigen jüngeren Leute dazwischen sind meistens Touristen, die es da, in den neobarocken Musiktempel, hereingeweht hat. Die Sänger sind so lala, die Inszenierung ein wenig verstaubt, das Orchester mittelmäßig. Eine Situation, die ich schätze. Ich kann mich zurücklehnen, muss mir keine Gedanken machen. In der Oper, wie auch anderswo, erleichtert Mittelmäßigkeit den ungestörten Genuss. Nur das Grau-in-Grau stört mich. Ich bin nicht hierher gekommen, um ans Sterben zu denken.

Und dann ist da noch etwas, worüber ich nicht reden sollte, weil manche Dinge besser ungesagt bleiben. Aber jetzt will ich es sagen: In diesem Opernhaus, wo an diesem Abend *La Bohème* gegeben wurde, nach der Inszenierung eines Theatermannes, der bereits an Schilddrüsenkrebs verstorben war, roch es in jener Reihe des Balkons, wo ich saß und lauschte, kaum merklich, doch hartnäckig nach Exkrement. Während also auf der Bühne die Mimi litt und starb – so starb, dass einem das Herz überlaufen und die Seele weit werden wollte, bis sie an den Himmel reichte –, war mein Magen damit beschäftigt, sich angesichts realer Altersmenschlichkeit und Todesnähe nicht zu verkrampfen. Kurz, mein Herz war am Überlaufen und meine Seele himmlisch gestimmt, während ich gleichzeitig das Gefühl hatte, mich übergeben zu müssen. Es wäre unehrlich, wollte ich sagen, ich sei deprimiert gewesen. Mir hatte schon immer eingeleuchtet, dass beides zusammengehört. Erst – wenn ich so sagen darf, ohne allzu preziös zu klingen – die Überblendung des Himmels mit dem Kot ergab für mich das richtige Bild. Und ich nahm mir bei sich verkrampfendem Magen wieder einmal vor, mir dieses Bild zueigen zu machen, ich will nicht sagen: mich in ihm einzurichten. Aber man soll sich nicht übernehmen. Und deshalb nahm ich mir außerdem vor, unser graues, absterbendes Opernhaus künftighin zu meiden.

LITURGE *(animiert):* Ist nicht gerade das die Lehre der einfachen Dinge des Lebens? Auch noch das Unterste, die Kloake, hat am Himmel und – warum nicht? – Vollzug der Schöpfung teil! Ich meine, wir müssen ja nicht gleich in die Extreme gehen. Auch hier zeigt sich die Wahrheit am deutlichsten in der Mitte, im Alltag, der weder golden glänzt noch vor sich hin ascht, sagen wir, beim Staubsaugen oder Blumengießen. Das ist doch ein unverbrüchlicher Trost ...

ENTTÄUSCHTER: ... ja, ja, wir haben es gehört, Hemdenbügeln und Liebemachen sind alltagsliturgische Kronzeugen. Das wäre für mich ein Trost nur dann, wenn ich die zweifelhafte Veranlagung hätte, mich auf den hochphilosophischen Hokuspokus des dialektisch Göttlichen, auf das Ja im Nein und das Nein im Ja – übrigens eine Lieblingsfigur des Theologen Karl Barth – einzulassen. Bin ich aber nicht. Wenn ich von Überblendung spreche, meine ich bloß, dass das Leben als Ganzes aus beidem besteht, aus dem Himmel und aus dem Kot. Man kann das eine nicht ohne das andere haben. Falls eine solche Binsenweisheit philosophisch ist, ist sie garantiert niederphilosophisch. Wer ein langes, glückliches Leben haben will, der sollte sich auf ein langes Siechtum einstellen. Nur die Lieblinge der Götter trifft der Schlag, der sie fällt wie der Blitz aus heiterem Himmel den morschen Baum, dessen Wurzeln in der Kloake modern.

Und so gibt es neben dem Trost eben auch die Trostlosigkeit, die einen bei zugezogenen Vorhängen ans Bett fesselt oder nach draußen taumeln lässt, ins Licht, das in der Finsternis leuchtet, um sich vor das nächstbeste Auto zu werfen. Nicht, dass die Welt ein Mysterium ist, bestreite ich. Ich bin kein Klotzkopf. Was ich bestreite, ist – falls das Wort „Bestreitung" nicht schon viel zu sehr nach Streit klingt –, dass sich aus dem Mysterium ein Sinn herauspressen lässt – *der* Sinn, der die einfachen Dinge des Lebens, vom guten Kondom bis zum guten Dampfbügeleisen, in das Licht rückt, das in der Finsternis leuchtet, die es weder begreifen noch trüben noch verschmutzen kann: in das Licht der Erlösung. Es gibt keinen Sinn des Lebens außer jenem, den wir darin zu finden willens sind.

LITURGE: Na schön, einverstanden. Doch das, was wir imstande sind zu finden, hängt eben davon ab, was uns zu finden *gewährt* ist ...

ENTTÄUSCHTER: Keine billigen Schulterschlüsse, wenn ich bitten darf. Wie's aus dem Wald herausruft, so schallt's in ihn zurück! Und was höre ich? Was hat mir das Mysterium zu sagen, das darin besteht, dass nicht nichts ist, sondern vielmehr etwas, und dass das, was ist, im Sein gehalten wird aufgrund einer „unvorstellbar komplexen" Ordnung? Was, so frage ich und lausche, hat mir das Mysterium zu sagen? Ich lausche. Ich schaue. Ich rechne nach. Ich tauche in die Tiefe der wunderbarsten Gedichte, studiere die Struktur der elegantesten Formeln, erhebe mich in den Äther der herrlichsten Musik. Ja und nochmals ja! Da scheint sich mir etwas mitteilen zu wollen. Es ist, als ob eine Stimme aus dem Wald herausriefe, aber gleich darauf muss ich entdecken, dass diese Stimme eine Brechung, ein Echo war: ein Nachhall der Sehnsucht, die aus meinem eigenen einsamen Herzen hervorbrach.

Also lassen wir die Täuschungen auf sich beruhen. Das Mysterium bleibt stumm. Es sagt nicht: Du bist verdammt. Es sagt aber auch nicht: Du bist nicht verdammt. Es spendet keinen Trost, denn es hat keine Botschaft.

LITURGE: Man soll keine Weisheiten mutwillig verdrehen, schon gar keine Volksweisheiten. Nicht umsonst heißt es richtig: Wie man in den Wald hineinruft, so schallt's daraus zurück. Zwecklos, auf die Dinge zu starren und zu warten, was sie uns zu sagen haben. Wir sind im Wald. Wir sind ein Teil des Waldes. Wer sagt, das Mysterium sei ausdruckslos, es werde nur vom menschlichen Gehirn, das nach Trost, Hoffnung, Erlösung fiebert, mit Zeichen bedeckt, der ist wie ein abgestorbener Baum im lebendigen Wald. Er wurde zu früh vom Blitz getroffen oder, schlimmer noch, seine Wurzeln stecken zu tief im Kot. Warum sollte man es soweit kommen lassen?

ENTTÄUSCHTER: Weil diejenigen, die in den Wald hineinrufen, es gar nicht täten, wüssten sie nicht im Voraus, was ihnen daraus zurückschallen wird. Sie sind Selbsttäuscher, oft zu naiv oder zu dumm, bloß die anderen zu täuschen. Vor allem aber: Die vom Mysterium Ergriffenen, die uns an ihren Offenbarungen teilhaben lassen, bewegen sich in der Regel unter jedem diskutierbaren Niveau, intellektuell wie ästhetisch. Erst neulich habe ich im Fernsehen eine Reportage über das sogenannte Wunder der blutenden Hostien gesehen. Scheußlich! Das angeblich blutige Zeug, die Oblate, wird mit ekstatischem Augenüberdrehen hinuntergeschluckt, nicht ohne danach zu behaupten, es habe sich augenblicks ein wundersüßer Geschmack eingestellt, während das Blut Jesu oder Mariens, oder von wem auch immer, auf der Zunge zerflossen sei. Dabei kommt – aber das nur nebenbei – die rote Färbung von einem Bakterium namens *Serratia marcescens,* dessen Genuss gesundheitliche Schäden verursachen soll.

LITURGE: Primitivität und Wahnsinn gehören zum Mysterium. Aber sie verfehlen es nicht weniger als der, der sich vor der Schöpfung tot stellt. Blutende Hostien sind Ausdruck einer Primitivität. Doch die Naturalisten, die sagen, sie würden an Gott erst dann glauben, wenn er in einem wallenden Gewand auf die Erde herabstiege und den Weltfrieden stiftete, sind auf ihre Weise nicht weniger primitiv. Ich kann da keinen prinzipiellen Unterschied erkennen. Ich kann auch nicht erkennen, dass wir beide uns noch viel zu sagen hätten. Sind wir im Grunde nicht einer Meinung? Ich schlage vor, wir lassen die Dinge auf sich beruhen, die einfachen und die weniger einfachen. Wir lassen, wie man so sagt, Gott einen guten Mann sein ...

ENTTÄUSCHTER: Einverstanden. Lassen wir Gott einen guten Mann sein und machen uns einen angenehmen Tag. Aber nur, wenn das nicht heißt, ich müsste, um es mir *wirklich* angenehm zu machen, es mir *richtig* angenehm machen. Ich müsste im Angenehmen das Ewige spüren. Ich müsste gleichsam – oder buchstäblich? – den absoluten Sinn erschnuppern, der mir aus jeder Schale meines Gewürztees entgegendampft, auf den ich mich ebenso freue wie auf die hausgemachten Kekse, die mich hoffentlich erwarten. Vergiss nicht, es ist gleich Weihnachten!

LITURGE: Eben.

ENTTÄUSCHTER: Was heißt: „Eben"?

LITURGE: Du sollst die Feste feiern, wie sie fallen. Du sollst deinen Tee und nicht das Ewige schlürfen. Du sollst an deinen Keksen und nicht am Absoluten knabbern.

ENTTÄUSCHTER: Dann ist ja alles in Ordnung, oder? Obwohl, das hört sich jetzt so an, als ob einer Kreide gefressen hätte. Als ob einer mich glauben machen wollte, ich könnte an meinen Keksen knabbern, ohne mich dabei, adventlich gestimmt wie ich bin, doch noch am Absoluten zu verschlucken.

LITURGE: ...
ENTTÄUSCHTER: Eben.

***

Abgang der beiden von der Bühne des Diskurses. Während sie sich nach hinten entfernen, werden sie rasch kleiner. Dabei scheinen sie einen imaginären Mittelpunkt am Horizont anzusteuern. Sie bewegen sich aufeinander zu, bis sie beginnen, miteinander zu verschmelzen. Schließlich sind sie im Braun und Grau der Umgebung – wieder einmal warten die Weihnachtsnostalgiker auf verschneite Weihnachten – ununterscheidbar geworden, ein einziger weißer Fleck, der rasch zu nichts wird. Zu so gut wie nichts.

Rasch sind die beiden, die soeben noch ein gerade noch erkennbarer weißer Fleck waren, zu etwas geworden, was soeben noch ein gerade noch erkennbarer weißer Fleck gewesen war. „Sieh da, ein Sinnesdatum", sinniert der Beobachter ins Bühnenleere hinein: „ein Ding in nuce ..."

So also endet der Diskurs, beim nichterlebbaren Erlebnis, beim in sich verkapselten Nussschalenbewusstsein, worin alles darauf harrt, zur Menagerie der Welt aufblühen zu dürfen.

Die Bühne wird dunkel. Was bleibt ist ein Nachbild jenes weißen Flecks, in dem sich, solange das Stück dauerte, die Vielfalt und Einfalt der Stimmen eines Bewusstseins regte, das um die einfachen Dinge des Lebens besorgt war. Nun aber wendet sich der Beobachter zum Ausgang.

Finis philosophiae. Teezeit.

ANMERKUNGEN

1 *Kleine Zeitung*, Graz, Samstag, 15. November 2008, S. 10.
2 Vgl. H. P. Duerr: *Vom Nomaden zur Monade. 10.000 Jahre Menschheitsgeschichte*, „Bibliothek der Unruhe und des Bewahrens", Bd. 3, Graz/Wien/Köln 2002.
3 *Sedna oder Die Liebe zum Leben* betitelte sich Duerrs wegweisendes Werk aus dem Jahr 1984. Es war seine erste große Veröffentlichung nach der *Traumzeit*.
4 *Journal der letzten Dinge*, Nr. 147 u. 155.
5 Weilerswist 2007.
6 „Eine Parkbank ist kein Hilton!", in: *Die Presse*, „Spectrum", 12. Jänner 2008, S. VIII.
7 London etc., Penguin Books, 1969, S. 62.
8 Vgl. Aroup Chatterjee: *Mother Teresa. The Final Verdict*, Kalkutta 2003.
9 Der Ausdruck „liturgisch enttäuscht" stammt von Adolf Holl. Er hat mir gestattet, ihn für meine Zwecke zu benützen. Dafür danke ich ihm herzlich.
10 „On Transubstantiation", *Collected Philosophical Papers III*, Oxford 1981, S. 107 ff.
11 *Tractatus logico-philosophicus*, 6.43–6.521.
12 Elias Canetti: *Aufzeichnungen 1992–1993*, München/Wien 1966, S. 49.
13 Descartes, 1596 bis 1650. Die „res cogitans", die denkende Substanz, das ortlose Ich, spielt eine Schlüsselrolle in den Cartesischen *Meditationes de prima philosophia*, 1641, wo sie der „res extensa", der in Raum und Zeit vorfindbaren Materie gegenübergestellt wird.
14 Schopenhauer, 1788 bis 1860. Sein Hauptwerk, zugleich die wichtigste intellektuelle Quelle der westbuddhistischen Tradition: *Die Welt als Wille und Vorstellung*, Bd. 1, 1819; Bd. 2, 1844 (zusammen mit einer überarbeiteten Version des ersten Bandes).
15 Heimito von Doderer: *Die Wasserfälle von Slunj*, München 1971 (11. Aufl. 2002), S. 78.
16 Franz Kafka: *Hochzeitsvorbereitungen auf dem Lande und andere Prosa aus dem Nachlass*, hg. v. Max Brod, Frankfurt a. M. 1983, S. 34.